신과 함께

인
과
연

신과 함께

인과 연

"나쁜 인간은 없다는 거… 나쁜 상황이 있는 거지."

2,600만
관객 돌파
오리지널 각본

김용화 각본
롯데컬처웍스㈜ 제작

놀

'영화는 위로가 돼야 한다'는 것이 어려서부터 영화에 대해 가진 생각이다. 영화를 통해 위로받으면서 청소년기를 무사히 보냈던 경험이 영화 인생 전체에 깔려 있다. 이 전제하에 재미있게 위로하는 영화를 만들어서 관객에게 드리고 싶다. 그리고 영화 〈신과함께〉 시리즈는 이런 생각이 잘 구현된 영화이다.

〈신과함께〉는 나에게 '인'과 '연'으로 다가온 작품이다. 처음에 리얼라이즈픽 쳐스 원동연 대표가 원작을 영화화하자고 제안했을 때, 워낙 방대하기도 하고, 욕심껏 만들 수 없을 것 같았다. 하지만 두 번째로 제안해주었을 때 삼차사의 전생 이야기가 다시 보였고, 이 이야기를 풀어내고 구현할 수 있겠다 싶어 결국 연출을 수락했다.

이 영화는 시작부터 걱정과 우려를 안고 시작됐다. 원작보다 나은 영화여야 했고, 성공한 한국형 판타지여야 했고, 성공한 한국형 시리즈 영화여야 했다. 하지만 이런 이야기를 실현시키기 위해 영화를 만들었다면 〈신과함께〉가 대중에게 큰 사랑을 받기 어려웠을 것이다.
〈신과함께〉를 본 관객 중에는 시각적으로 화려한 영화로 기억하고, CG 기술에 대한 언급을 주로 하는 분도 있었다. 하지만 〈신과함께〉는 치밀한 서사로 구성돼 있다.
서사의 큰 줄기는, 영화를 본 분은 이미 알아차렸겠지만, '용서'와 '구원'이다. 원작을 처음 봤을 때부터 헤어나올 수 없었던 두 단어이다. 우리가 살면서 할 수 있는 가장 고귀하고 어려운 일이라고 생각하는 두 가지가 영화를 통해 관객의 마음을 울리길 원했다.
그래서 〈신과함께〉 각본 작업을 할 때 관객이 2부의 이야기를 잘 받아들일 수 있도록 1부에서는 〈신과함께〉의 캐릭터와 세계관을 충실하게 표현하려고 노력했다. 2부를 위해 1부를 만들었다고 생각해도 무방하다.

그래서 「죄와벌」, 「인과연」 두 편의 각본을 집필할 때 가장 집중한 것은 구조를 잘 만드는 일이었다. 묘사는 단순하게 하되, 서사와 구조는 치밀하게 엮어내겠다는 목표에 맞춰 수정에 수정을 거듭했고, 마침내 설득력 있는 구조를 만들어내는 데 성공했다. 최종 각본이 나온 후 감독인 나도, 같이 준비하던 스태프도 이 서사 구조에 강한 자신감이 생겼고 그렇기에 동시에 두 편을 촬영하는 겁 없는 시도도 할 수 있었다.

이런 스토리를 관객 및 독자와 공유하고 싶고, 각본집을 통해 영화 〈신과함께〉를 재해석 하고, 또 다른 시각으로 보는 기회가 되었으면 한다.

이 각본을 영화로 만들어준 모든 스태프와 블루스크린 앞에서 허공을 보고도 완벽에 가까운 연기를 해준 배우 모두가 텍스트를 영상으로 구현해주었다. 든든하고 감사하다. 앞으로의 〈신과함께〉가 기대되는 이유는 이들에게 있다.

김용화

차례

6

나태지옥

초강대왕이 재판하는 지옥으로, 생전에 게으르고 무위도식하며 태만하게 살아 삶을 허비한 자를 심판한다. '삼도천'에는 망자의 눈빛을 좇아오는 사람 얼굴에 날카로운 이빨을 가진 인면어가 들끓는데, 이 '삼도천'을 건너야 나태지옥에 도착할 수 있다.

재판에서 유죄가 확정되면 멈추지 않고 회전하는 봉을 피해 죽도록 달려야 하는 형벌을 받게 된다.

불의지옥

오관대왕이 재판하는 지옥으로, 정의롭지 못한 자를 심판하는 지옥이다. 눈과 얼음으로 둘러싸인 '한빙협곡'을 지나야 도착할 수 있다. 재판에서 유죄가 확정되면 얼음 블록에 얼려져 정해진 형량만큼 얼음 안에 갇혀 있어야 하며, 옴짝달싹 못 하는 상태로 추위에 시달리는 고통을 얼음협곡 안에서 버텨야 한다.

폭력지옥

진광대왕이 재판하는 지옥으로, 생전에 저지른 죄에 따라 그 깊이가 정해지는 싱크홀인 '진공심혈' 속으로 뛰어들어야 도달할 수 있다. 폭력 중에 가혹하고, 지속적이고, 일방적으로 행한 폭력을 처벌한다.

재판에서 유죄가 확정되면 무중력인 싱크홀 안을 떠돌며, 휘몰아치는 큰 돌덩이를 끊임없이 맞는 형벌을 받게 된다.

살인지옥

변성대왕이 재판하는 지옥으로, 살인했거나 사람이 죽는 원인을 제공하는 모든 행동에 대해 심판을 받는다. '화탕영도'라는 불, 용암, 뜨거운 연기가 가득한 곳을 지나야 도착할 수 있다. 재판에서 유죄가 확정되면, 불과 용암 속에 던져지는 '화탕형'을 받게 된다. 이 뜨거움을 견디며 형량을 채워야 한다.

배신지옥

송제대왕이 재판하는 지옥으로, 믿음을 저버린 사람을 심판한다. 그러나 만약 공익에 도움이 되거나, 정의를 위한 배신이라면 용서받기도 하는 지옥이다. 거울같이 투명하고 차가운 '백염광야'를 지나야 도착할 수 있다.
재판에서 유죄가 확정되며, 거울 속에 가두고 거울을 깨버리는데 거울이 깨짐과 동시에 망자도 깨져버린다. 이미 저승이라 죽지도 못하고 조각난 신체가 절단된 고통을 형량을 채울 때까지 느껴야 한다.

거짓지옥

태산대왕이 재판하는 지옥으로, 나뭇잎이 칼날인 나무가 가득한 '검수림'을 지나야 도착할 수 있다. 망자이기 때문에 검수림에서 칼날에 베여도 죽지는 않지만, 베이는 고통은 그대로 느끼게 된다.
재판에서 유죄가 확정되면 망자의 혓바닥을 뽑는 형벌을 받는다.

천륜지옥

저승을 다스리는 염라대왕이 재판하는 지옥으로, 부모와 자식 간에 일어난 죄를 심판한다. 모래와 군데군데 모래 늪이 있는 '천고사막'을 지나면 도착할 수 있다.
재판에서 유죄가 확정되면 천고사막에 생매장을 당해 형량만큼 모래 속에 묻혀 있어야 한다.

🌀 강림 (30대 중반, 남)

저승 삼차사 중 대장. 48번째 귀인 김자홍을 환생시키고, 49번째 귀인이자 원귀였던 김수홍의 환생을 위한 재판을 자신의 환생을 포기하면서까지 진행하려고 한다. 해원맥, 덕춘도 이해하기 어렵지만, 강림을 믿고 재판을 돕는다. 강림과 염라대왕의 속내가 서서히 드러나면서 차사가 되기 전 삼차사의 과거도 드러나기 시작한다.

🌀 해원맥 (30대 초반, 남)

저승 삼차사 중 경호를 맡고 있다. 강림이 김수홍 재판을 진행하는 동안 덕춘과 함께 성주신이 지키는 허춘삼이라는 노인을 저승으로 데리고 가는 임무를 수행한다. 성주신을 통해 전생을 알게 되면서 왜 강림, 덕춘과 천 년동안 차사로 살고 있는지 알게 된다.

🌀 덕춘 (19세, 여)

저승 삼차사 중 막내이다. 따듯한 심성 그대로 이승에서 곧 할아버지를 여의

게 될 현동이를 지극 정성으로 돌본다. 덕춘 또한 성주신을 통해 전생을 알게
된다. 삼차사 사이에 균열이 생길지도 모르는 전생 이야기가 어린 덕춘의 마
음을 뒤흔든다.

김수홍 (20대 중후반, 남)

원귀가 되어 형 김자홍의 환생을 어렵게 했지만, 귀인 적패지를 받고 강림과
함께 환생을 위한 재판을 받게 된다. 딱히 환생이 절박하지 않지만, 강림이 왜
그렇게도 이 재판에 무리하는지 궁금해서 강림을 따라 재판에 임한다. 서서히
드러나는 자신의 죽음에 대한 비밀, 그 죽음과 강림의 비밀의 연관성이 드러
나면서 수홍은 혼돈에 빠진다.

염라대왕 (50대 중반, 남)

천 년이란 시간을 강림에게 왜 주었는지가 드러나면서 염라의 속내가 같이 드
러난다. 천 길 물속 같은 염라의 속내는 우리가 그토록 기대하지만, 실제로 느
끼지 못하는 그리운 그 누구의 속내, 바로 그것이었다.

🌀 성주신

집을 지키는 가택신인 성주신은 성주단지 안에 있어야 하지만, 현동이의 불행 앞에서 현신할 수밖에 없었다. 허춘삼 노인을 데리러 온 여러 저승차사를 물리치면서 죽음을 미루고 있다. 인간의 행복을 위해 신으로서 할 수 있는 모든 것을 하는 성주신이야말로 우리 인간이 바라는 신의 모습이 아닐까 싶다. 현동이를 위해 해원맥, 덕춘과 딜을 하고 성주신이 되기 전 저승차사로서 기억을 소환하며 삼차사 관계를 뒤흔드는 놀라운 비밀을 털어놓는다.

🌀 허춘삼 (70대, 남)

현동의 할아버지이자 성주신이 지키는 인간이다. 이미 죽었어야 하지만 성주신 덕분에 아직 현동이 곁에 있다. 철거지역에 살고 있지만, 보상금도 날리고 사채 빚까지 지고 있어서 하루하루가 위태롭다. 그 누구보다 현동이를 지켜야 한다는 강한 의지로 오늘도 하루를 살아내고 있다.

허현동 (8세, 남)

엄마는 죽고, 아빠는 필리핀으로 도망간 후 할아버지와 철거촌에서 산다. 성주신을 삼촌으로 여기고 어렵게 살지만 그 누구보다 밝다. 제때 초등학교에 입학하지도 못해서 특례입학을 기다리고 있다.

원동연 일병 (20대 초반, 남)

오발 사고로 김수홍을 죽인 김수홍이 돌봐준 관심사병이다. 단순히 김수홍을 죽인 줄만 알았는데, 비밀이 하나 더 숨겨져 있었다.

박무신 중위 (30대 초반, 남)

대위 진급을 위해 원동연 일병이 사고로 죽인 김수홍을 암매장한 것 외에 원 일병과 둘 만 아는 비밀이 더 있다. 수홍의 재판을 통해 가장 큰 수혜를 입은 사람은 어쩌면 박무신 중위다.

용어 설명

TITLE BACK
영화의 시작이나 끝부분에서 자막이 나오는 동안 자막 뒤에 나오는 배경화면 또는 그림이나 시각적 이미지

TITLE SCENE
영화의 전반적인 정보를 알려주는 장면

EXT (exterior)
실외

INT (interior)
실내

OFF (off screen sound)
화면 안에 소리를 내고 있는 주체가 보이지 않은 채 들리는 소리

V.O. (voice over)
1. 화면 속 현실적인 소리와는 상관없이 관객의 이해를 돕기 위해 주관적으로 설명하고자 첨가하는 소리
2. 영화 화면에는 나타나지 않지만, 그 화면을 설명해주는 사람의 음성

14

CUT TO

한 화면에서 다른 화면으로 전환되는 것

SMASH CUT TO: (An abrupt cut from one scene to another without a transition.)

역동적 화면 변화. 갑자기 뚜렷하게 한 화면에서 다른 화면으로 전환되는 것

FLASH BACK

회상 장면

INTER CUT TO

영화 화면 사이에 다른 화면을 삽입하는 것

INSERT TO

시각적 세부를 담은 화면으로 정보를 전달하거나 극적인 강조를 하기 위한 목적으로 씬 도중에 삽입하는 것

DISSOLVE TO

한 화면이 사라지는 동시에 다른 화면이 떠오르는 화면 전환

일러두기

1. 책의 편집은 김용화 감독의 영화 각본 원칙을 성실하게 따랐습니다.
2. 대사는 글말이 아닌 입말인 점을 감안하여 한글 맞춤법과 다른 부분이라 해도 그 표현을 살렸습니다.
3. 이 책은 김용화 감독의 오리지널 각본을 바탕으로 하며, 각 부는 독자의 이해를 돕기 위해 차후 구분한 것입니다.

49번째 귀인

1. TITLE BACK

검은색 무지의 화면에,

> **"귀인(貴人)이라 함은 항상 남을 먼저 돕고 배려하
> 는 정의로운 삶을 살았던 망자이거나, 자신도 이
> 유를 알지 못하는 죽음을 당해 천수를 누리지 못한
> 억울한 망자를 일컫는다"**_ 염라대왕

2. EXT. 천 년 전 북방 설원. 낮

무지의 암전이 밝아지면, 눈물이 고인 누군가의 두 눈이 화면을 가
득 메우고 있다. 곧, 카메라가 서서히 빠지며 회전하기 시작하자 하
얀 설원 눈밭에 옆으로 머리를 누인 채 불규칙한 호흡으로 죽음을
기다리는 듯한 강림의 모습이 보인다. 끊어질 듯 끊어지지 않는 그

의 힘겨운 숨소리와 함께 강림의 얼굴에 드리우는 그림자들. 하지만 무기력한 강림은 그들을 쳐다볼 엄두도 내지 못한 채 앞쪽만을 응시하고 있다.

누군가   (V.O.) 왜 우는 것이냐?

강림, 숨을 헐떡이며 대답하려 입을 우물거리지만 알아들을 수 없다.

누군가   (V.O.) 슬퍼서 우는 것이냐? 억울해서 우는 것이냐?

강림의 눈에 고였던 눈물이 흘러내린다.
사력을 다해 무엇인가를 말해 보려는 강림, 대답 대신 피를 울컥 쏟으며 두 눈을 서서히 감는다.

덕춘   (V.O.) 차사님!! 차사님!!! 괜찮으세요? 차사님! 차사님!
          일어나세요!!!!
          차사님!! 차사님!! 차사님 괜찮으세요? 어?

CUT TO:

3. EXT. 천고사막(천륜지옥). 낮

천 년 전 강림의 얼굴이 흔들리기 시작하자 배경이 천고사막으로
바뀐다.
기절했다가 깨어났는지 힘겹게 눈을 뜨는 강림. 그의 시야에 자신
의 앞에서 손을 흔들고 있는 덕춘의 다급한 모습이 보인다.

수홍　　(다급하게) 빨리 일어나! 무슨 저승차사가 한 방 맞고 이
　　　　불을 깔아! 씨!

강림, 시선을 돌려보면 귀왕대들과 일대 혼전을 벌이고 있는 해원
맥이 보인다.
떨어져 있는 사인검을 발로 차서 강림의 앞쪽으로 보내는 해원맥.

해원맥　　(삼인창을 휘두르며) 대장… 충분히 주무셨으면… 이제 좀
　　　　도와주셔야 될 것 같은데?!

사인검이 날아오자 놀란 덕춘과 수홍, 귀왕대를 피해 도망 다닌다.

비틀대며 정신을 차리려는 강림, 눈앞의 사인검을 집어 들고 일어
나는 순간, 그들 앞에 솟구치는 거대한 천륜성의 위용. 염라대왕과
판관들이 난동 중인 강림 일행을 노려보고 있다.
염라대왕이 등장하자 예를 표하는 차사들.

수홍　　오, 뭐야?!

해원맥　(무기를 버리고) 안녕하세요…

덕춘과 강림 모두 허리 숙여 예를 표한다.

CUT TO:

강림과 일행들, 모두 무릎을 꿇는다. 뒤늦게 귀왕대에게 압송당해 끌려와 그들 옆에 나란히 무릎을 꿇는 해원맥, 강림을 쳐다보며 한 심하다는 표정을 짓는다.

판관1　(비통해) 대왕님… 저승차사가… 자기 저승을 공격했습 니다.

판관2　(강림에게) 어떻게 저승차사가 저승에 테러를 해?! 그것 도 소멸시켜야 마땅한 원귀까지 데리고 와서?

고개를 숙이고 있는 일행들에 비해 흥미롭게 염라대왕을 바라보고 있는 수홍의 모습이 신선하다.

강림　　여기 있는 망자, 김수홍의 재판을 허락해 주십시오.

다급히 적패지를 꺼내 들어 뒷면을 보이는 강림.

강림   김수홍의 적패지에 귀인으로 분명히 표시되어 있습니다.

판관1   (말을 자르며) 아닙니다. 대왕님께서는 지금! 저승의 율법
            을 어긴 원귀를 정의로운 망자로 둔갑시키는!…

강림의 말과 판관의 말이 뒤엉키며 불꽃이 튄다. 당황하는 해원맥
과 덕춘의 표정. 호기로운 수홍, 이 광경이 재미있는지 입가에 작은
미소와 함께 예의 자신의 버릇대로 엄지손가락을 입에 문다.

강림   (미소 짓고 있는 수홍을 노려보며) 그게 아니라면! 명부와 상
            관없는 억울한 죽음을 당한 망자일 수 있습니다

판관2   (애원하듯) 아니야~ 총기 오발로 인한 단순 사고사야~
            과실치사라고~
            (수홍에게) 입에서 손 빼 이 새끼야! 똑바로 앉고!

해원맥 (수홍의 손을 잡아 빼며) 똑바로 앉아.

수홍, 판관2에게 피식 미소를 보인다.

강림   과실치사에 의한 죽음인지 억울한 죽음인지는 제가 밝
            히겠습니다.
            재판을 받게 해 주십시오.

순간, 강림의 사인검이 빨려들 듯 날아가 염라대왕에게 쥐어진다.

해원맥   으아!!!

염라대왕 (사인검을 살펴보며) 저승을 지키라고 준 검을 거꾸로 들
         어 저승을 겨눈 죄…
         이승을 어지럽히고 저승을 위험에 빠뜨린 원귀를 데리
         고 올라온 저승법 위반죄…
         재판을 받아야 할 놈은 저 원귀 놈이 아니라 차사 강림…
         바로 네 놈이란 걸 잘 알아라.

강림   (무릎 꿇으며) 염라께서 내리시는 모든 벌을 저희가 받겠
         습니다.
         그러니, 망자 김수홍의 재판도 반드시 받게 해 주십시오.
         그의 죽음엔 밝혀야 될 진실이 있습니다.
         밝히지 못한다면 벌을 받겠습니다.

해원맥, 불편한 미소를 보이며 덕춘을 쳐다본다.

해원맥   (작게 입모양) 왜~? 왜 우리가 받아야 되는 건데?

덕춘   (넙죽 엎드리며) 벌 받을게요! 달게 받겠습니다. 제발 재판
         도 받게 해 주세요. 대왕님.

곤욕스러운 표정으로 덕춘을 바라보는 해원맥.

염라대왕 허!? 밝혀야 될 진실이 있다고??

판관들에게 먼저 묻는다.
너희들은 김수홍의 죽음이 억울한 죽음이 아닌 단순 사
고사임을 확신하느냐?

흥미로운 듯 상황을 지켜보는 수홍.

판관1   아… 예…
판관2   저희들의 목을 내놓겠습니다!!
판관1   목…을…??

판관2를 죽일 듯이 노려보는 판관1.

염라대왕   그래.

예상과 다른 반응에 놀라 염라를 바라보는 판관2.

판관2   네?
염라대왕   판관들은 목을 내놓는 거로 하고

꼬인 재판 때문에 판관2를 갈구기 시작하는 판관1.

판관1   너 일로 와봐 임마. 왜 내 목을 니가…
염라대왕   그럼 너희들은 김수홍의 죽음이 단순 사고사가 아닌, 억

울한 죽음임을 밝혀내지 못한다면, 너희들은 무엇을 내
놓겠느냐?

강림   차사직을 내놓겠습니다.

강림의 충격적인 선언에 해원맥은 버틸 힘이 없는지 바닥에 엎어져
버린다.

덕춘   (강림을 바라보며) …명하신다면 차사님 뜻에 따르겠습
니다.

해원맥   (흐느끼며) 으아~

염라대왕 해원맥은 왜 자빠져 있느냐?

해원맥   (울기 직전이다) 너무 감동해서요… 예를 표하고 있었습
니다. 대왕님.
(강림을 바라보며) 따라야죠. 뭐. 따라야 되는 거잖아요?

염라대왕 대신 조건이 있다. 저 원귀 놈이 재판을 받는 49일 안에
이승에서 망자를 하나 데려와라.
허춘삼… 강림 네가 이미 이승에서 만난 사람이다.

강림, 의문스러운 표정으로 염라를 바라본다.

FLASH BACK:

병원,

복도를 걸어 나오는 강림을 스쳐 지나가는 허춘삼의 모습.

CUT TO:

염라대왕 허춘삼은 이미 저승의 명부 기한을 넘긴 사람이지.

SMASH CUT TO:

현동이네 집 안방,
자는 허춘삼 할아버지 앞에 세 명의 저승차사가 도착해 있다.

염라대왕 (V.O.) 진작에 저승에 올라와야 할 그 망자를 지켜주고 있
　　　　　 는 가택신이 하나 있다.

여자 저승차사 허!춘!삼! 허!춘!삼! 허…!

순간, 인기척을 느끼고 뒤를 돌아보는 세 차사. 뒤에는 우락부락한
성주신이 팔짱을 낀 채 차사들을 노려보고 있다.

대장 저승차사 네가… 골칫덩어리 성주신이냐?

씨익 웃는 성주신.

염라대왕 (V.O.) 성주신… 이승 사람들은 그놈을 집을 지켜주는 신
이라 믿고, 단지 안에 모시고 있지…

대장 처승차사 하! 새끼 저거 귀엽게 생겼는데… 응?

그 말을 듣고 무시무시하게 변하는 성주신의 얼굴.

FLASH BACK

현동의 집 밖,
지붕 위로 튕겨 오르며 소멸되어 버리는 차사들의 모습.

SMASH CUT TO:

염라대왕 허춘삼을 데려오기 위해… 수많은 차사들을 내려보냈지
만, 다시 돌아온 저승차사는 아무도 없었다.
판관1 성주 개? 어우! 야~ 알통…

FLASH BACK:

현동의 집 마당,
허춘삼과 현동을 도와 수거해 온 고물들을 정리하는 성주신의 듬직
한 모습.

염라대왕   (V.O.) 게다가 성주 놈은 자신의 몸을 드러내는 현신까지
        해서 허춘삼의 가족까지 돕고 있지…

성주   그래… 현동… 아유. 어르신. 천천히 조심히 하세요.

현동   (고물 나르며) 할아버지~ 삼촌!

허춘삼   염려 말어. 염려 말어.

CUT TO:

염라대왕   저승의 율법을 어기고 있는 골칫거리 성주신을 척살하
        고, 허춘삼을 저승으로 데려와라. 그것도 49일 안에.
        그렇게 못한다면 저 원귀 놈의 재판과 상관없이 차사들
        의 환생을 불가할 것이다.

판관1   (작게) 에이… 조용히 해

덕춘. 강림, 해원맥의 눈치를 본다.

해원맥   네~~ 여부가 있겠습니까? 가자! 이덕춘! 즐거운 마음으
        로!

강림   (은밀하게) 성주단지부터 찾아. 집 안 어딘가에 있을 거
        야…

해원맥   (다가와 말을 자르며) 이게 마지막 명령이었음 좋겠네…
        그리고 이놈도 진짜 마흔아홉 번째이길 바래요, 대장…
        난 이번에 꼭 환생해야겠으니까…

(강림을 보며) 가자고. 이덕춘

수홍   (해원맥을 보며) 어이, 이거 자기 꺼 아냐?

자기 물건 잘 챙기고 다녀야지. 다 큰 사람이. 그렇지.

강림 얼굴 위로 조용필의 '돌고 도는 인생'이 흘러나온다.

CUT TO:

성주

4. EXT. 조양구 연리동 마을. 낮

리어카 손잡이에 묶인 낡은 카세트 라디오에서 조용필의 '돌고 도
는 인생'이 흘러나온다. 리어카를 세워 놓고, 고물을 싣고 있는 성
주. 현동의 시선이 허물어진 벽의 문구로 향한다.

현동　　철.거?.는.살인이다…그양… 나.가.씨.바? 씨. 바?

성주, 문득 현동의 소리에 고개를 돌려 흉흉한 낙서를 본다. 한숨짓
는 성주.

성주　　(현동에게 손짓하며) 현동이 이리 나와. 일로 와.
　　　　　여기 앉아서 저쪽에 노을 보고 놀고 있어.
현동　　응!

현동이가 보지 않는 것을 확인하고는 재빨리 락카를 이용해 빛의
속도로 스텐실 아트 형식의 벽화를 그려낸다.

CUT TO:

수트 차림으로 현신한 해원맥과 덕춘이 먼발치에 몸을 숨긴 채 그런 현동과 성주를 주시하고 있다.

염라대왕　(V.O.) 원래 살아생전 성주신은 고려 시대에 임금의 얼굴을 그리던 어용화사였다.
그림을 그리던 화공이었지.

INTER CUT TO:

천 년 전 왕의 거처,
휘장과 유사한 커튼이 내려진 방 안에서 왕의 용안을 뚫어지라 바라보며 그림을 그리고 있는 성주의 모습이 보인다.

왕　　　아우 지루해

CUT TO:

해원맥　저 그림쟁이 새끼… 철거촌을 아주 개인 전시장으로 만들어 놨구만.
(삼인창을 꺼내 들며) 처리하는 건 어렵지 않겠는데?!
덕춘　　너무 이뻐요. 마을 전체가 미술관 같애…

(삼인창을 보며) 안 돼요, 차사님! 애가 같이 있잖아요!

해원맥, 덕춘의 말이 거슬리는 듯 그녀를 노려본다.

성주   (V.O.) 현동아!! 일로 와봐!

CUT TO:

어느새 완성된 벽화 앞에 성주신의 무등을 탄 현동, 박수 치며 좋아
한다.

성주   어때?
현동   성주 삼촌 최고!!
          어디를 향해 걷는가~ 돌고 돌아가는 인생. 우리의 길목
          엔 사연 많더라~

CUT TO:

덕춘   (장면에 푹 빠져) 진짜…. 할아버지 데리고 올라가면…. 저
          아이는 어쩐대요?
          소멸시키더라도… 아이 앞에서는 안 그러셨으면 좋겠어
          요… 제발이요…

차사들의 시야에 성주가 그림 속 내용을 재현하듯 현동을 무등 태워 석양을 배경으로 춤을 추고 있다.

해원맥, 자신도 저런 순간에 칼을 뽑기가 너무한 듯 삼인창을 집어넣는다.

현동　　(V.O.) 이런저런 인생도 우리 것, 그대가 보는 세상은, 내 마음 모두 적셔 주네. 우리의 사랑 아름다운 사랑

해원맥　　성주단지… 먼저 찾자.

성주신의 무등을 탄 현동 노래 부르며 좋아한다.

CUT TO:

천진난만한 현동을 바라보며 안타까워하는 덕춘.

CUT TO:

5. EXT. 천륜지옥. 낮

판관들이 굳어 있는 염라대왕의 눈치를 살피고 있다. 강림을 향해 살기를 띠는 염라대왕의 매서운 눈빛이 재판장의 분위기를 더욱 살

벌하게 만든다.

염라대왕 다시 한번 말해 보아라. 원귀 사건과 연관된 재판만 받겠
다고?

강림 저승형법 3조 6항!
억울한 죽음이라고 의심되는 망자는 해당 사건과 연관
된 재판만 받는다!
염라께서 직접 만드신 법이라고 알고 있습니다.
직접 깨지는 말아 주시길 간청 드립니다.

염라대왕 허!? 판관들에게 묻겠다. 저놈이 원귀가 된 사건과 차사
가 주장하는 억울한 죽음과 연관된 재판이 있느냐?

판관1 아 예! 원귀 사건이 무려 두 곳의 재판장과 연관되어 있
습니다.
김수홍은 그중에서도 악질에 속하는데

FLASH BACK:

군부대 연병장,
수홍을 묶고 있던 오라가 붉게 달아오른다. 놀란 강림이 수홍을 보
자 그의 얼굴은 이미 악귀로 변해가고 있다. 그와 동시에 연병장에
모래바람이 불어오기 시작한다. 마침내 분노가 폭발하며 오라를 끊
어 버리는 수홍.

판관1	(V.O.) 먼저 자신의 죽음을 받아들이지 못하고 원귀가 된 불의의 죄와 더불어 그 원귀가 되어, 무고한 동료들에게, 무력을 행사한 폭력의 죄에 기소 되어 있습니다.
수홍	으아아아아아!
강림	김수홍!

그러나 이미 분노가 최대치에 오른 수홍은 강림을 한 손으로 잡고 던져 버린다. 유류창고에 내동댕이쳐지는 강림.

CUT TO:

| 판관1 | 그리고, 강림 차사. 너 첫 번째 재판까지 가는 데만 지옥을 네 개를 통과해야 돼. 그것도 저 원귀를 데리고?? |
| 판관2 | 원귀 알지? 쟤 하나 잡겠다고 지옥귀들이 다 뛰쳐나올 거라고~ |

염라, 잠시 강림과 수홍을 물끄러미 바라본다.

염라대왕	(V.O.) (판관 말을 자르며). 그래, 좋다.
판관1	(놀라) 응?
염라대왕	그리 하도록 하자.

강림, 크게 고개를 숙여 예를 표한다.

염라대왕 그런데, 만약 억울한 죽음으로 증명을 해내지 못한다면,
저 원귀 놈에게 현재 모든 지옥에서 기소된 죄를 재판 없
이 소급해서 영겁의 지옥으로 떨어뜨릴 것이고 네 놈 또
한 차사직을 박탈할 것이다. 그리 하겠느냐?
강림 네, 그리 하겠습니다.

얘기를 듣던 수홍, 손사래를 치며 앞으로 튀어나온다.

수홍 아니, 아니! 아니! 아니 그걸 왜 당신이 결정을 해?
응? 법률 불소급 그 아시잖아? 시행한 다음에 그 이전 걸
되돌린다는 게…
국회법… 국회법!! 92조…

강림, 수홍의 입을 틀어막고 도주하듯 뒷걸음친다.

강림 (입을 틀어막은 채) 죄송합니다.
수홍 (입이 틀어 막힌 채) 나도 법 알아! 나도 사시 공부했어!!
국회법 그거!!
사시!! 국회법!! 92조!!

어이없는 표정으로 염라에게 묻는 판관2.

판관2	저놈의 입을 찢을까요? 저런 원귀 놈을 그냥 갈기갈기 찢어가지고…
판관1	아닙니다. 어차피 재판장까지도 못 가고 소멸될 겁니다. 원귀가 올라왔으니 온갖 날벼락과 풍랑이 동반된 악천후에 악귀들이 막 뛰쳐나오고, 야 그! 악귀 중에 그 짱 먹는 애. 이름이…
	아! 그! 대왕 악귀! 대장악귀가 막 튀어 나오고!
	그렇지 이렇게 툭툭 튀어 나오…!
판관2	야! 조용히 하라고! 조용!

판관1의 말을 멈추게 하는 염라, 그들에게 경고한다.

염라대왕	재판 준비나 잘하거라. 너희들도 모가지를 내놓았으니…

마른 침을 꿀꺽 삼키는 판관1, 2의 얼굴에서,

CUT TO:

6. INT. 현동의 집 방 안. 밤

기력 없이 누워 있는 허춘삼 앞에 현신한 해원맥과 덕춘이 서 있다. 잠시 할아버지를 응시하고 있는 해원맥과 덕춘. 허춘삼의 마른 다리가 안쓰러운지 그의 다리를 이불로 덮어주는 덕춘이 자애롭다.

해원맥, 먹먹해진 덕춘을 힐끔 보고는 그녀를 뒤로 한 채 집 안을 뒤지기 시작한다

해원맥   망자호명 삼창! 빨리 시작해~ 응?
             (선반을 뒤지며) 요새는 성주단지를~ 어디다 두더라~
             금방 찾아내면 재미가 없는데~.

덕춘, 적패지를 꺼내 물끄러미 바라보다 할아버지를 한 번 쳐다본다.

해원맥   (쳐다보지 않으며) 찾았다! 성주단지

해원맥, 선반 위에서 백자 호리병을 집어 들고는 냄새를 맡아 본다.

해원맥   이걸 깨 버리거나, 마셔 버리거나…
             (한 모금 들이키며) 영면하세요~ 성주 아저씨~~
             해원맥, 아예 남아 있는 성주단지의 성수를 다 마셔 버

린다.

해원맥   (그제야 돌아서며) 덕춘아, 빨리 삼창해라. 할아버지 깨신
         다…!!

어느새 성주신이 한 손에는 적패지를, 다른 한 손으로는 덕춘의 목
을 부여잡고 공중으로 들어 올리고 있다. 공중에 매달리듯 올려져
있는 덕춘이 숨이 막히는지 컥컥 소리를 내며 해원맥을 바라보고
있다.

해원맥   오~ 성주신~

해원맥, 성주단지를 들어 올린다.

해원맥   놔줘라, 이거 깨버리면 넌 끝이야.
성주   내려놔라, 그거 현동이 밤에 오줌 싸고 똥 싸는 요강이
         야. 그걸 왜 처먹니?
해원맥   (요강을 내리며) 놔줘라. 너 그거 아동학대야, 야!
성주   야? 이 새끼가 겁대가리를 상실했나… 너 나 몰라?
해원맥   응? 놔주라고!!!
성주   할배 깬다. 조용히 해!

순간, 해원맥이 달려든다. 성주, 덕춘을 벽에 던져 버리고는 비좁은

방 안에서 해원맥과 일대 격전을 벌인다. 적패지를 사이에 두고 광속으로 액션을 펼치는 해원맥과 성주신. 결국, 성주의 기민함과 무시무시한 위력에 제압당하고 마는 해원맥, 올라타다시피 한 성주에게 목이 눌려 무기력하게 숨만 헐떡댄다. 그 순간, 밖에서 현동이의 인기척이 들려온다.

현동   (V.O.) 성주 삼촌!!
성주   (고개 돌리며) 어! 현동아~

재빨리 시선을 문밖으로 돌리는 성주의 얼굴에서,

CUT TO:

7. EXT. 현동의 집 툇마루. 밤

방과 연결된 툇마루에 무릎을 꿇고 앉아 있는 해원맥. 덕춘은 아직도 서서 공양을 드리듯 연신 빌고 있다. 기둥에 기대앉아 있는 성주신, 기가 찬 표정이다.

덕춘   (합장해서 빌며) 죄송합니다. 성주신님… 잘못했습니다…
          용서해주세요… 죄송합니다…

성주	야! 내가 니네들 천 년 전에 쳐 죽을 때 저승차사였어, 어디서 경거망동을 해? 이 자식들아~
	너네 내가 진짜 누군지 몰라?
덕춘	저흴 아세요?
해원맥	아니, 저기 잠깐만… 저승차사였다면… 그러면 우리를 직접 저승으로 데려갔다는 거야?
성주	아니, 그리고 넌 무릎을 꿇고 반말을 하니?
	무슨 경우야? 맥락 없이?

계속 어이없는지 허탈한 웃음을 보이는 성주신.

성주	우와… 어떻게… 애들 기억을 싹 다 지워버렸냐….
	아이고, 이 불쌍한 것들. 어우, 잔인해… 염라… 진짜 잔인해… 무서워.
	걔 아직도 머리 기르고 다니니?
덕춘	네…
성주	잘 들어. 저 꼬맹이 초등학교 입학식 때까지만이야.
	집안 꼬라지가 이래가지고 초등학교도 제때 못 들어간 애라구.
	딱, 2학기 특례 입학 때까지만.
	8월 입학식 날 할아버지 손 잡고 학교 정문에 들어가면 그걸로 끝!
	그다음에 할배 데리고 가든지 말든지. 마음대로 해.

수명 다한 할배가 중요한 게 아니라… 어린 현동이 때문
이니깐…
(적패지를 보이며) 그전까지 이건 압수.
뭐 정 데려가고 싶으면 그땐 니네 대장이 와야 될 거야…
뭐 염라가 직접 와도 좋구…
근데 어떻게 기억을 싹 다 지워버렸냐… 어떻게…

믿기지 않는 얘기를 들은 표정의 해원맥과 덕춘, 서로를 응시한다.

8. EXT. 삼도천(나태지옥). 밤

폭풍우가 몰아치는 삼도천을 목선을 타고 이동 중인 강림과 수홍.
뱃머리 쪽에 위치한 수홍과 심기가 불편해 보이는 강림이 거친 풍
랑에 위태로워 보인다.

수홍   (속사포처럼) 아니 이게 형식과 방법이 이런 식이면 내가
        협조적일 수가 없지? 응? 아니, 아니, 보세요! 차사님.
        과실치사로 죽었다고 끌고 와 놓구서는 그 죽음에 비밀
        이 있었대?! 그것도 억울한 비밀이?
        그래서, 내가 내 죽음의 억울한 내 죽음의 비밀이 대체
        뭐냐? 물어보면,

"재판장까지 기다려라! 대답을 못 해주겠다!"

왜? 왜? 못해줘?

강림   (밧줄을 감으며) 네가 그걸 알면 협조 안 할 테니까.

        (고개를 가로젓는다) 넌 감당 못 해.

수홍   (어이없어하며) 아니~ 차사님 내 변호사라면서요

        아니, 무슨 변호인이 의뢰인이 물어보는데 대답을 안 해

        줘?

        당신 변호사는 맞아? 뭐 하는 사람이지? 갑자기 차사님

        이 의심스럽네? 나는?

뒤돌아 수홍에게 밧줄을 건네는 강림.

수홍   어? 뭐지 왜 그러는 거지?

강림   (손짓하며) 날씨!

손가락으로 하늘과 바다를 가리키는 강림.

수홍   어~ 날씨 때문에?! 아니 뭐 하던 얘기 계속할게요!

        내 얘기 너무 기분 나쁘게 듣지 마시구~ 차사님이랑 나

        랑 전공이 같잖아?

        딱 보니까, 뭐 차사님 국선 같은데…

        알다시피 나도 사시 1차 합격했어요?! 그러니까 우리 서

        로 기본만 딱! 지키고 가자는 거야, 내 말은… 그런 의미

에서 난 차사님이 궁금 한 거야. 너무 궁금해? 왜?

아니 의뢰인이 변호사 선임하기 전에 법정대리인 이력
이 궁금한 게 이게 이상한 게 아니잖아?

난 차사님 이름도 몰라?! 나이도 모른다구요? 에?

강림, 수홍 몸에 두른 밧줄 오라를 있는 힘껏 잡아당긴다.

수홍   (인상 쓰며) 아이고 이거 너무 꽉 하는 거 같은데!?

강림   천 년 동안 내가 망자들한테 지겹게 들은 말이 '차사님,
살려주세요~' '차사님, 환생시켜 주세요~'

너? 안 그러네… 예외가 없었는데… 김수홍 인상적이다.

수홍   환생은 무슨… 다시 태어나서 또 개고생하라고? 나 환생
싫어~

(웃기 시작하며) 그리고, 이미 죽어서 올라왔는데 뭘 살려
달라 그래?

그럼 뭐 내가 뭐 살려 달라면 살려 줄 순 있고?

이거 봐요! 나는 그냥 내 죽음의 비밀을 숨기는 당신이
뭐 하는 사람인지 내 변호사가 될 자격이 있는 사람인
지! 나는 그냥 그게 궁금할 뿐이라고요…

강림, 수홍의 말이 끝나기가 무섭게 피식 웃으며 발밑의 발판을 누
른다. 동시에 수홍이 묶인 기둥이 길게 솟구쳐 늘어나며 낚싯대 마
냥 그를 삼도천 물 밑으로 집어넣는다.

CUT TO:

순식간에 굶주린 인면어 떼가 달려들어 수홍을 물어뜯기 시작한다.

CUT TO:

비명에, 기둥을 들어 올려주는 강림.

수홍   (괴로워하며) 살려주세⋯ 살려주세요!!
강림   거봐. 예외는 없잖아
수홍   저⋯ 살려주세요!!

이내 수홍을 다시 물 밑으로 집어넣는다.

강림   (시선은 수홍에게 고정) 성주단지 가져왔니?
해원맥   적패지를 뺏겼습니다.

어느새 이승에서 올라와 강림의 뒤에 서 있는 해원맥과 덕춘.

강림   (고개를 돌리며) 자랑처럼 들린다.
덕춘   천 년 묵은 가택신이었어요. 해원맥 님도 상대가 안 되었
          습니다.
강림   그 죽어가는 노인네 옆엔 왜 지키고 있대?

덕춘 (밝게) 아! 할아버지한테 일곱 살짜리 예쁜 손자가 하나
있어요!
그 아이 초등학교 입학식 때까지만 기다려 달래요!
예쁜 추억, 하나 만들어주고 싶다고…
(강림의 눈치를 보며) 그러면 적패지도 다시 돌려주고 자기
도 그 집 떠나겠다고…
그리고요, 차사님…

급히 덕춘의 입을 가려 말을 막는 해원맥.

해원맥 (입을 막으며) 하지 마!
강림 그 꼬맹이 입학식이 언젠데?
해원맥 이승 시간으로 다음 달 10일. 40일 남았어요.
얼른 내려가서 다른 방법을 좀 강구해보죠 뭐.

기둥을 들어 수홍을 잠시 꺼내주는 강림.

강림 (기둥의 수홍을 가리키며) 얘 그 재판까지 얼마나 남았지?
해원맥 (허우적대는 수홍을 보며) 48일이요.
강림 48 빼기 40은?
해원맥 8… 8인가?
수홍 살려주세요! 제발!

해원맥, 우물쭈물하면서 덕춘을 바라본다.

강림   근데 뭐가 문제야? 8일이나 남았는데… 무슨 방법을 찾
              아?

뒤돌아 해원맥과 덕춘에게 다가가는 강림.

해원맥   (웃으며) 하여간… 수학은 참.
강림   산수야. 수학 아니고… 더하기, 빼기. 초등학교 산수.
해원맥   아 산수구나~

해원맥, 강림이 고개를 돌린 사이 덕춘을 쏘아본다.

덕춘   (눈치 보다) 차사님! 우리가요. 과거에!
해원맥   (재빨리 말 자르며) 야! 우리가 과거에… 참 잘했지! 그런
              데 그런 얘길 지금 뭐하러 하니? 응? 우리가!?

강림, 먼발치에서 큰 포말을 일으키는 무언가를 발견한다.

강림   빨리들 내려가서 감시해. 어르고 뺨치고 사정하고 꼬시
              고. 무슨 말인지 알지?
해원맥, 덕춘   (서로 마주보며) 네!!
강림   그 안에라도 성주단지 찾으면 바로 깨버리고…

그리고 너희들 적패지 없이는 다신 올라오지 마.

이거 명령 아니고 경고다!

해원맥　네. 알겠습니다!

대답과 동시에 사라지는 해원맥과 덕춘.

CUT TO:

강림의 시야에 해일이 점점 가까워져 온다.

거침없이 돌진하는 대왕 인면어가 목선으로 점점 더 거리를 좁혀 오고 있는 상황.

대왕 인면어, 돌고래처럼 튀어 오르며 맹렬하게 목선을 쫓고 있다.

동시에 삼도천의 수평선에 황혼이 진다.

INSERT TO:

9. EXT. 현동의 집 대문 밖. 낮

집 안으로 들어가려는 사채업자 무리를 막아서고 있는 성주. 어린 현동이 무서운지 성주의 뒤에 바짝 붙어 있고, 허춘삼은 마당 안에서 고래고래 소리를 지르고 있다.

허춘삼   (손짓하며) 여기가 어디라고!

이런 호로자식 같으니라고…

썩 나가지 못혀! 이 썩어질 놈들아!

여기가 어디라고 기어들어 오는 겨!!

왜 자꾸 행패를 부리는 겨 이놈들아!! 어?

성주   그냥 저랑 얘기하시면 될 것 같습니다

사채업자 할아버지가 쓰신 돈이니까 아드님은 좀 비키지?

현동   아들 아니고, 삼촌이거든!

성주   (애원하며) 아니… 그… 늘 이렇게 기다려 주시고, 베풀어

주신 은정 제가 잘 알고 있습니다

CUT TO:

건너편 집 지붕에 엎드려 쩔쩔매는 성주의 모습이 희한한 해원맥과
덕춘.

덕춘   성주신이 부처가 됐어요?

해원맥   가택신이잖아… 사람을 못 건드리는 거지… 사람을 보
호하는 신이라서…

CUT TO:

성주   세계 경제 대 위기 속에서 체납 상환의 의무를 다하기 위

해 밤낮으로 두 타임씩 고물 정리에 여념이 없습니다…
해서, 제가 좋은 소식 하나 드릴게요.
제가 들어 놨던 주식이랑 펀드가 희망의 조짐이 보입
니다.
그러니까 며칠만 좀 더 부탁드리겠습니다.

순간, '촥' 성주의 귀뺨을 때리는 사채업자.

CUT TO:

집 마당으로 진입하려는 사채업자들과 어떻게든 막아보려는 성주
의 모습.

성주   (붙잡으며) 아이… 저, 저 저랑 말씀을 나누시면…
          아니 저기, 잠시만, 저랑 얘기를 하시고…
          밖에… 여기 들어오시지 마시고… 잠깐만… 으아!
사채업자   (성주를 밀면서) 비켜~ 비켜~ 아이 씨! 비키라고…
          아이 좀 비키라고!!

CUT TO:

재래식 화장실 병을 부수고 쓰러지는 성주.

사채업자   지금 뭐 하는 거니?

아이고? 쟤 좀 누가 좀 꺼내줘라.

CUT TO:

꼼짝도 못 하는 성주의 모습에 깜짝 놀라는 덕춘.

CUT TO

허춘삼   (방에서 뛰쳐나오며) 성주야…! 성주야 성주야!!
(놀란 현동에게) 그래 현동아 이리 와!! 이리 와…

울음을 터뜨리며 할아버지에게 달려가는 어린 현동.

현동   (다급하게) 할아버지!!

화장실에 쓰러진 성주. 바닥을 잡고 일어서다, 변기에 손이 미끌어진다.

성주   (경악하며) 쉣!!
해원맥   (웃으며) 힘이 점점 더 빠질 거야… 사람의 인분을 만졌으니…

우쭐거리며 마당에 들어선 사채업자. 춘삼과 현동을 바라본다.

CUT TO:

과거

10. EXT. 삼도천(나태지옥). 밤

CUT TO:

강림, 만신창이 수홍을 묶어 놓은 채 대왕 인면어의 접근을 바라보고 있다.

강림   김수홍.
네가 궁금해하는 두 가지 질문에 대해 마지막으로 답변해주겠다… 잘들어…
첫째, 너의 억울한 죽음의 그 진실에 대해 절대로 말해줄 수 없다…
재판장 들어갈 때…

수홍   (동시에) 재판장 들어갈 때까지… 안 돼요…
재판장… 재판장 가겠습니다… 안 물어보겠습니다…

강림   둘째! 내가 누구냐고?
오래전 나도 너처럼…

미천하고 이기적인 동생 놈 손에 억울하게 살해당한

FLASH BACK:

천 년 전 설원 눈밭,
옆으로 고개를 누인 채 죽어가고 있는 강림의 모습.

강림　　　고려 별무반의 대장군 강림이다.

CUT TO:

괴음에 놀란 수홍이 뒤를 돌아보자. 수홍의 시야에 목선에 가까워
진 거대한 대왕 인면어가 들어온다.

강림　　　내가 말해 줄 수 있는 건 딱 거기까지야.
　　　　　그리고 우리 좀 빨리 가자.

다시 발판을 밟자 수홍을 매단 기둥이 또다시 여의봉처럼 늘어난
다. 이전보다 훨씬 길게 늘어나는 기둥이 낚싯대처럼 휘어지며 마
치 물고기의 미끼 같은 역할이 된 수홍. 대왕 인면어가 솟구쳐 오르
며 공중 부양 중인 수홍에게 입을 벌리는 순간, 재빨리 작살을 던져
대왕 인면어를 명중시키는 강림, 동시에 위험에 빠진 수홍의 낚싯
대 기둥을 조종해 아슬아슬하게 구해 낸다.

미끼 신세인 수홍을 먹으려는 대왕 인면어 덕택에 쾌속선이 되는 목선.

CUT TO:

11. EXT. 현동의 집 마당/대문 밖. 낮

재래식 화장실 안에서 기절해 있던 성주가 정신을 차린다. 그런 성주 앞에 서 있는 덕춘과 해원맥.

해원맥　Can I help you?

성주, 사채업자들을 상대할 때와는 다른 눈빛으로 해원맥을 노려본다.

성주　니네 다시 오면 어떻게 된다고 그랬지?
사채업자　아니 영감님, 도대체 뭐 믿고 이렇게 버티는 거지?
　　　　　작년 3월에 7000를 빌려 갔고…
　　　　　또 정확히, 반년 있다 8000을 빌려 갔으면…
　　　　　이자만 해도 지금!!
　　　　　우리가 큰 거 바래요? 한 번에 다 갚으래?

그런 거 아니잖아요…

아니 이자라도 열심히 갚는 모습은 보여야,

우리도 일하는 보람이 있을 거 아닙니까…?

해원맥, 덕춘 쭈그려 앉는다.

해원맥   (쭈그려 앉으며) 자, 우리가 멋진 제안을 할 테니까 한번
         들어봐유.

성주   (살기를 띠며) 거절 못 할 제안을 해라.
         안 그러면 니네 다시 저승 못 올라가니깐.

해원맥   우리가 현동이 입학식 때까지 기다려 줄게.

성주   그건 내가 명령한 거고.

덕춘   더불어, 저희가 할아버님 저승 모신 다음에도 어린 현동
         이가 혼자 잘 살 수 있는 방법까지…
         성심성의껏 1:1 맞춤 서비스… 제공해 드리도록 하겠습
         니다.

해원맥   입학식 하자마자 애 혼자 장례 치르는 거보다는 그게 훨
         씬 인류애적인 행동 같은데…

잠시 해원맥과 덕춘을 바라보는 성주신.

성주   조건은… 없는 거다.

해원맥   대신 우리 기억을 찾아줘.

성주, 피식 웃으며 부정의 뜻을 비친다. 사채업자들에게 둘러싸인 허춘삼과 현동을 힐끔 바라보는 덕춘.

성주　　(피식거리며) 촤… 내. 이럴 줄 알았어.
현동　　할아버지… 으아!

허춘삼의 목덜미 옷을 잡아 올려 꼭두각시처럼 만들고 있는 사채업자.

사채업자　우리 현동이 학교 갈 때 이거, 다리를 절면 어떨까? 할아
　　　　　　버지 마음이? 응?
허춘삼　　(멱살을 잡으며) 뭐라고?
　　　　　　에라이 이놈아!
　　　　　　너 죽고 나 죽자! 이놈아!

할아버지, 화가 치밀어 오르는지 사채업자에게 손을 뻗어 보지만 팔이 닿지 않는다. 버둥거리던 할아버지를 가볍게 밀쳐내는 사채업자. 쌓아 놓은 폐지 박스 위에 없이 쓰러지는 할아버지, 현동이 달려가 할아버지를 부축해 보지만 정신을 잃고 마는 허춘삼.

사채업자　(밀치며) 아니! 이 노인네가! 미쳤나!? 진짜!
현동　　(쓰러진 할아버지에게 달려가며) 할아버지!

사채업자와 실랑이 하던 허춘삼이 쓰러지자, 보다 못한 덕춘이 마당으로 달려간다.

사채업자   이 집 왜 이러니? 오늘!

(덕춘을 바라보며) 넌 또 누구니?

중학생이야 뭐야? 이웃사촌이야?

성주   아이… 저… 저… 저거… 빨…리…

해원맥   자, 보세요. 저기 쟤네들 사채에… 매일 찾아오는 철거반까지…

번호표 뽑고 현동이 기다리는 사람들 많아요.

쓰러진 허춘삼 옆에 있던 현동, 갑자기 덕춘이 나타나자 놀라 울먹거린다.

현동   (울먹거리며) 아줌마 진짜 누구에요?

사채업자   너도 모르는 애니?

해원맥   (고갯짓으로 안쪽을 가리키며) 당신 가택신이라 인간들한테쪽도 못 쓰잖아.

성주, 마음이 흔들리는지 시선을 피해 위기에 처한 허춘삼을 바라본다. 덕춘, 겁먹은 현동이를 안고 연신 사채업자들을 만류해보지만 역부족이다.

덕춘   (해원맥에게) 차사님! 빨리요!!

사채업자   너 도대체 누구랑 이야기하는 거니?

해원맥   (성주에게) 딜?!··· 빨리 말해! 딜?!··· 딜!!

CUT TO:

덕춘   빨리요!! 빨리.

         차사님 뭐해요!! 빨리!!

안쪽 상황에 대해 방법이 묘연한 성주, 하는 수 없이 손을 내민다.

CUT TO:

해원맥   (일어나며) 오케이. 딜.

         (박수 치며) 자, 여기 주목!

마당으로 들어오는 해원맥을 바라보는 사채업자 일동.

해원맥   뭐? 애 다리를 어떻게 한다고?

         (손을 들어) 여기 다리 부러져 본 사람? 생각보다 마이 아
         퍼···

         알고는 있어야 되니까.

같지 않다는 표정의 사채업자 무리들, 해원맥에게 일제히 달려든다.

사채업자 (껄렁거리며) 아니. 어디서 이렇게 하나둘씩 기어 나와? 어? 넌 또 뭐니! 뭐야? 어?

순식간에 시작되는 해원맥의 액션.
빛의 속도로 움직여 한 명씩 날려 보낸다.
추풍낙엽처럼 날아가 버리는 사채업자들.
어린 현동이의 눈에 기예에 가까운 해원맥의 무공은 말 그대로 신과 함께다.
부러진 다리를 부여잡고 신음을 내고 있는 사채업자에게 다가서는 해원맥.

성주 (기어 나오면서) 새끼… 똥폼은…

해원맥 자, 다음번엔 네 양팔이 부러질 거고, 그 다음엔 니 허리가 부러질 거고, 그 다음엔 니 모가지를 부러뜨릴 거야. 그러니까 저승 투어하고 싶으면 세 번만 더 오면 돼. 알았지?

사채업자 다리!! 아!! 아!!! 내 다리!!!

CUT TO:

사채업자들을 쓰러뜨린 해원맥이 현동을 보고 윙크한다. 그제야 웃음 짓는 현동.

현동　　우와…

CUT TO:

12. EXT. 현동의 집 툇마루. 낮

할아버지를 방 안에 뉘어 놓고 걱정스레 툇마루로 나오는 성주, 마당에 대기하고 있던 해원맥과 덕춘을 마주한다.

해원맥　　대충 맞는 거 찾아 입어…
　　　　　　며칠 안 있을 거니깐…
덕춘　　아… 이… 별로…

나가는 성주를 향해

해원맥　　잠깐만! 계약서대로~ 내가 누구야?

마당으로 나가던 성주 잠시 멈춘다.

성주   (울상으로) 손…좀… 씻자…

해원맥   내가 누구냐고!

성주   천 년 전, 고려 시대! 무신 정권! 최고의 무사!
           해원맥!! 아까 보니까 녹슬지 않았더만?

솔깃해진 해원맥. 성주의 말에 집중한다.

성주   여진족들이 널 뭐라고 불렀는지 알아?
           하얀 삵.

FLASH BACK:

천 년 전 북방 설원,
해원맥의 활이 불을 뿜듯 여진족 병사들의 가슴을 관통한다.

여진족 병사   (중국어) 하얀 삵! 하얀 삵이다!!
              白猫狸！白猫狸来了！
              (독음) 바이마오리! 바이마오리 라일러!

성주   (V.O.) 해원맥… 넌 고려와 여진의 경계를 나누는 북방 지
           역을 관할하는 무시무시한 무장이었어.
           네가 전투에 나타나기만 하면 모든 여진족들은 전의를
           상실했고 서로 도망치기 바빴었지…

말을 타고 맹렬히 질주하며 칼을 휘두르는 해원맥, 추풍낙엽처럼 쓰러지는 여진족 병사 무리들.

여진족 잔당들, 군사들과 함께 설원을 걸어오는 해원맥을 발견하고는 줄행랑을 친다.

하얀 털목도리를 목에 두른 해원맥, 여진족 잔당들을 모두 소탕한다.

전의를 상실한 여진족 잔당들이 뒤도 돌아보지 않고 도망간다.

해원맥 숨이 붙어 있는 놈들은 발뒤축을 끊어 버리고, 개경으로 압송하라.

여진족 잔당들을 소탕하고 화면 앞으로 걸어오는 설원 속 해원맥이 멋지다.

CUT TO:

자신의 과거에 자신이 더 당황스러운 해원맥. 함께 놀란 덕춘이 해원맥을 경외의 눈빛으로 바라본다. 툇마루에 엎드려 얘기를 듣던 현동이 '하얀 삵'을 연습장에 써본다.

성주 니 별명이 하얀 삵이었던 이유는 항상 하얀 삵의 털로 만든 목도리를 두르고 다녔었기 때문이지…

해원맥 (진실하게) 아. 그래서 그랬구나… 목이 이게 항상… 공허

했어. 목 주위가 항상 뭔가… 결핍된 느낌이랄까?

(현동이의 글씨를 보고, 뒤통수를 툭 때리며) 옆에다 리을 하

나 더 붙여, 인마!

삭이 아니라 삵! 고양이과 삵!

바로 마당을 걷기 시작하는 해원맥, 나르시시즘의 결정판이다.

해원맥 내일모레 초등학교 간다는 놈이… 한글도 모르고…

(과거의 톤을 따라하며) 발뒤축을!! 끊어…

발뒤축이 요즘 말론 아킬레스건이잖아?

이게… 이게?? 이게??

하얀 삵? 응??

덕춘, 못 믿겠다는 듯 고개를 가로저으며 옅은 미소를 보인다.

해원맥 끊어… 끊어라!

이에 반해 득의양양한 해원맥을 보며 안쓰러운 표정을 짓는 성주신

성주 왜 저래??

해원맥을 안쓰럽게 바라보며 옅은 미소를 보이는 덕춘의 모습에서,

CUT TO:

13. EXT. 나태지옥. 낮

잔잔해진 삼도천의 나태지옥 옆을 지나는 목선이 평화로워 보인다.
밤새 대왕 인면어에게 시달렸는지 탈진한 표정의 수홍, 열반에 든
표정으로 목선 바닥에 앉아 나태지옥의 수상 재판장을 힘없이 바라
보고 있다.

대꾸 없는 수홍, 형벌장에서 원형 기둥에 쏠려 바다에 빠지는 죄인
들을 바라본다.

강림의 시야에 형벌장 위 난간에서 바다를 향해 서 있는 두 사람이
들어온다.
의미심장한 표정으로 강림에게 화이팅의 주먹을 보여주는 판관들
이다.

강림   나태지옥, 자신의 인생을 낭비하고 살았던 게으른 망자
        들을 심판하는 곳이지.
        너 같은 인간들 말이야.

여전히 대꾸 없는 수홍.

강림   아! 사시 8수생이라고 그랬나?

정신 나간 듯한 수홍이 피식 웃는다.

수홍   1차는 붙었다. 여덟 번 만이지만…
강림   네 과거를 쭉 봤었는데… 넌 게을렀어…
           그 나이 처먹도록, 네 형이 보내 준 돈으로
           뭐? 사법고시??
           저기 걸렸으면 20년형은 쉽게 받았었을 거야.
           저 친구들이랑 사이좋게 뛰면서 말이지.
           하지만 넌 내 덕에 이러한 지옥들을 무사히 통과하게 될
           거야.
           재판도 잘 받게 될 거고, 결국 환생을 하게 될 거야.
수홍   (V.O.) 아니야… 환생 싫어…
           다시 태어나기 싫다고

수홍의 시야에 삼도천에 빠져 인면어에게 물어뜯기며 고통스러워
하는 망자들이 보인다. 가까스로 형벌장에 기어오른 망자들도 다시
원형 기둥을 피해 뛰기 시작한다.

DISSOLVE TO:

14. EXT. 현동의 집 마당. 밤

마당에서 일렬로 줄을 선 채 릴레이로 고물들을 쌓고 있는 성주와
차사들.

성주　　이제 알겠냐?
　　　　　네가 망자들 경호를 맡는 이유가… 그게 천직이 된 게 다
　　　　　그 이유라고. 고려 최고의 장수.

고물을 냅다 던져 버리는 해원맥, 감격의 하이파이브를 어리둥절한
덕춘과 나눈다.

해원맥　그래~! 난 고려의 장수였어!! 장수!!!!
　　　　　(흥분을 가라앉히며) 덕춘아, 스토리에 터칭이 있다. 내 얘
　　　　　기지만…
덕춘　　(멍하니 쳐다보다 느닷없이) 아니… 어떻게 저렇게 변할 수
　　　　　가 있어요?
해원맥　내가 뭐 어때서? 지금 보니까 천 년 동안 쓰레기 같은 인
　　　　　간들 구제해 주다가 마음 닫은 거구먼.

그때, 미닫이문을 열고 고개를 내미는 어린 현동.

현동　　성주 삼촌~ 할아부지 깼다…

성주   응~ 할아버지 요강 갖다 드리고~

       현동이도 얼른 자~ 얼른

아직도 흥분이 가라앉지 않은 해원맥이 마당을 돌며 주먹을 불끈
쥔다.

성주   자, 계약의 원칙에 따라, 껀 바이 껀으로~

       (고갯짓으로 방을 가리키며) 어떻게 할 건데?

       어떻게 할 거냐고~ 1:1 맞춤 서비스해준다며!

성주의 말에 서로의 얼굴을 멀뚱히 쳐다보는 해원맥과 덕춘.

CUT TO:

15. EXT. 현동의 집 지붕. 밤

차사들과 함께 지붕 위에 앉아 있는 성주신.

해원맥   왜 현신을 한 거야? 그 이유부터 얘기해 봐.
성주   애 엄만 현동이 낳고 얼마 안 돼 죽었고,

       쟤 애비는 도박 빚에 필리핀으로 잠적한 지 오래됐고…

덕춘   (애잔하게) 그래서 현신하셨던 거예요? 도움 주실려구···
          도와 주실려구···

한심하단 표정으로 덕춘을 쳐다보는 해원맥.

성주   (끄덕이며) 나오기 싫었는데··· 나오면 안 되는 거였는
          데···
          쟤 할아버지 수명이 다 되어 갈 때쯤. 재개발한다고 철거
          용역들이 들이닥치더라고

FLASH BACK:

집 마당, 철거반들과 보상금 문제를 놓고 실갱이를 벌이고 있는 허
춘삼.

성주   (V.O.) 쥐꼬리만 한 보상금 그게 얼마나 된다고
철거반   야! 들어가자! 뭐야! 잡지 마! 놔!
          할아버지, 보상금 다 받았잖아!! 나가라고~!
          잡지 말고~ 나가라고 나가! 진짜~

방 안, 소란스러운 마당 분위기에 더해 시름시름 앓고 있는 어린 현
동이.

성주	(V.O.) 거기다가 어린 현동이까지 아프기 시작하는데…
	아니, 어떻게 소득 삼만 불 이십일 세기 대한민국에서…
	어떻게 홍역이 걸릴 수가 있냐? 응?
	집구석이 이러니 내가 나올 수밖에… 없잖아?

방 안, 고이 모셔 놓은 성주단지 안에서 현동을 바라보고 있는 성주신.

CUT TO:

해원맥	보상금 다 어쨌어? 이 집 판 보상금. 받았대매~
성주	아… 그건 얼마 안 돼. 넌 신경 쓰지 마.
덕춘	(통장을 들여다보며, 순진하게) 1억인데요?!
성주	이머징 마켓에… 내가 펀드랑 주식 좀 들어 놨다.
	어차피 영감 올려보내고, 집 철거되면 나도 떠나야 되고…
	저 어린놈 혼자서… 어떻게? 생각해 봐.
	그리고 요즘, 요즘 1억이 돈이냐? 내가 그것도…
	억지로, 억지로 영감 설득해서 겨우 현동이 앞으로 해 놓은 거야.
덕춘	(통장을 살펴보며) 어… 반 토막 났는데! 아… 아니! 거의 70프로 손실…
	(더욱 순진하게 끄덕이며) 아~ 그래서 빚도 지셨구나… 사

채도 끌어들이시고.

성주   펀드는 반드시 회복된다. 지금 일시적인 유동성 위기야.
       아주 잠깐 주춤하는 거라구.

해원맥 하… 귀신이 증말… 펀드? 유동…성?
       어떻게 귀신이 그런 말을 해?!
       아니, 그 돈으로 애 앞으로 아파트 하나 해놨으면 오죽
       좋아!!

성주   (말하면서 점점 더 화가 난다) 네가 새끼야, 전 세계 실물경
       제에 대해서 뭘 안다고 주댕이질이야?
       나?! IMF! 리만 브라더스 사태!를 이승에서 몸소 관통한
       신이야. 임마~
       아파트? 저 아파트! 저 아파트? 아파트?
       야 임마 부동산 금방 꺼져~ 다 버블이야 인마! 버블!!

덕춘   (진심으로) 그래도 걱정은 돼요…
       염라대왕님도 이승의 주식은 손대는 거 아니라고 하셨
       거든요…
       본인도 잘 모르는 거라고.

해원맥 와!! 그 1억 손실 난 거 물타기 할려구
       사채를 3억을 끌어다 썼어요… 나 증말…

성주   (답답해 죽겠다, 두 손을 모아) 펀드 오른다고…! 오른다
       고…!!
       (화 삭이며, 비트) 주식은 기다림이라고!
       그걸 꼭 말로 해야 아냐고!

좋아, 그럼 네가 제시하는 해법은 뭔데? 말해 봐~

답답한지 하늘의 별을 바라보는 차사들과 성주신의 모습.

CUT TO:

16. EXT. 보육원 앞. 낮

현동, 보육원 정문 앞에 서서 성주의 손을 잡고 간판을 보고 있다.

현동　　보유권…?
해원맥　뭐해~ 빨리 와! 빨리~
성주　　현동아… 무등 타자…

현동의 말에 걱정스러운지 한숨을 쉬는 성주.

CUT TO:

17. INT. 상담실. 낮

상담실장과 마주한 답답한 표정의 해원맥과 성주. 뒤쪽 의자에 누나와 동생처럼 꼭 붙어 앉아 그 모습을 지켜보고 있는 덕춘과 현동이 보인다.

해원맥   자, 정리할게요… 친아빠가 호적에 부양자로 남아 있으면 현재로서는 고아원에 입소를 할 수가 없다.
그죠? 그러니까 친아빠가 직접 양육을 포기하면 입소할 수가 있다… 맞죠?! 음…

쾅! 책상을 내리치는 해원맥. 기겁하는 상담실장. 일제히 해원맥을 바라본다.

해원맥   (진정하며, 미소) 친아빠 필리핀으로 떴다구! 못 찾아! 숨었다구!

성주, 덕춘 쪽을 향해 현동의 귀를 가리라는 제스처를 한다.

CUT TO:

알아들은 덕춘이 현동의 귀를 양손으로 막아 준다.

CUT TO:

상담실장 규정입니다. 규정에 그렇게 나와 있어서요.

해원맥, 더는 할 말이 없는지 일어서려고 한다.

해원맥 (한숨 쉬며) 갑시다…

상담실장 (조심스럽게) 저… 혹시요… 친권자가 부양이 불가능하
다면…
그걸 입증할 서류를 떼어 오실 수는… 있으실까요?

성주 (희망이 생겨, 앉으며) 서류요…?! 아니 그거 그걸 어디서
구할 수 있어요?

상담실장 본인한테 직접 받으셔야죠. 아버지한테…

해원맥 또 아버지야…

큰 실수를 자각하는 듯 겁먹은 눈빛으로 고개를 끄덕이는 상담
실장.

성주 (벌떡 일어나) 가자!

우르르 몰려나가는 차사들과 성주. 그리고 현동.

상담실장 그렇다면! 할아버지요!

다시 나가다 고개를 돌리는 일행들.

상담실장 주민등록상에는 동거인으로 되어 있으시던데, 그 연세
가 많으시잖아요? 할아버지가 몸이 불편하시거나 해서
그걸 증명하시면… 구청에서 생계 지원비가 나올 수도
있습니다. 그럼 최소한 밥은 안 굶겠죠?

탐정 같은 표정을 짓는 해원맥과 성주의 표정에서,

CUT TO:

고아

18. EXT. 보육원 운동장. 낮

인공 잔디가 깔린 자그마한 운동장 미끄럼틀에서 놀고 있는 현동과 꼬마 아이들. 덕춘, 그 아이들과 정겹게 놀아주고 있다.

CUT TO:

그 모습을 배경으로 간이의자에 앉아 있는 힘없는 성주와 해원맥.

해원맥　　(혼잣말하며) 아니, 고아원을 보내겠다는데 보호자를 찾
　　　　　아오래…
　　　　　보호자가 있음 고아원을 왜 보내니… 하!

아이들과 놀아주는 덕춘.

덕춘　　떡 하나 주면 안 잡아 먹지~
　　　　나 달린다. 언니 잡아봐~

해원맥의 말을 듣는 둥 마는 둥… 성주는 아이들과 놀고 있는 덕춘만을 바라본다.

해원맥   (자기 생각에 빠져) 그래도, 뭐. 소기의 성과는 있었다!
         할배한테 장애가 있으면 보조금이 나온다는 아주 핫한
         정보!
성주   천 년이 지났는데도 어쩜 저렇게 애가 일관되니…

그들의 시야에 고아 아이들과 정겹게 놀아주고 있는 덕춘이 보인다.

FLASH BACK:

숲속에 은신해 있는 덕춘, 겁을 잔뜩 집어먹은 어린아이들에게 조용히 하라는 신호를 보내며 불타고 있는 마을을 숨죽여 보고 있다.

성주   (V.O.) 고려 기병대가 여진족 마을을 급습했던 그날… 넌
         어른들을 대신해 남겨진 아이들을 피신시켰었지 위험한
         상황에서도 자신보다 먼저 아이들을 생각했었던 거야.

FLASH BACK:

고려군 기병대에 의해 쑥대밭이 되는 마을.

FLASH BACK:

그 모습을 보며 눈물이 고인 덕춘, 그 와중에도 행여 소리를 낼까 봐 자신이 안고 있는 어린 남자아이의 입을 막고 있다.

CUT TO:

어느새 성주에게 다가온 덕춘이 대답을 기다린다. 잠시 물끄러미 그녀를 바라보던 성주가 그렇다는 듯 고개를 끄덕인다.

해원맥   그래… 어쩐지 애 얼굴 생긴 게 오랑캐 필이 난다고 했
          어… 오랑캐 스타일…

덕춘, 뭐 이런 인간이 있나 싶은 눈빛으로 해원맥을 쳐다본다.

성주   넌 거의 고아원 원장이었어~ 부모 잃은 여진족 아이들
          의 희망이자 등불이었지…

FLASH BACK:

변방 설원의 오두막에 땔감을 옮기고 있는 덕춘의 모습.

FLASH BACK:

나뭇가지를 실은 지게를 지고 덕춘을 따르는 병아리 같은 아이들의
모습.

덕춘   (중국어) 잘했어. 춥지 들어가자
        好，好。冷吧？進去吧。
        (독음) 하오, 하오. 렁바? 찐취바.

성주   (V.O.) 습격을 당한 그날 이후 넌 폐허가 된 마을을 떠나
        고려군들의 발길이 닿지 않는 깊은 산속으로 아이들을
        데리고 은신했던 거야… 아주… 아주 깊은 산 속으로…

DISSOLVE TO:

성주의 말을 듣고 있는 덕춘과 해원맥.

성주   덕춘이 네가 열여덟에 죽었으니까… 꼬박 삼 년 동안 그
        고아 아이들의 엄마 노릇을 했었던 거야…
        네 몸 상하는 것도 모른 채 오직 아이들을 위해서…
        그렇게 희생했던 거지…

DISSOLVE TO:

천 년 전 오두막 안, 호롱불에 의지하여 자는 아이들 틈에서 누더기

옷을 깁고 있는 덕춘의 모습.

DISSOLVE TO:

성주 곁에서 얘기를 듣던 덕춘의 눈가가 촉촉해진다. 뒤돌아 아이
들을 바라보는 덕춘.

해원맥   왜 그런 이야기를 하고 그래?
            다 지난 일 가지고… 애… 상처받게….

DISSOLVE TO:

천 년 전 오두막 앞, 모닥불을 피워 놓고 아이들과 함께 앉아 있는
덕춘의 행복한 모습.

DISSOLVE TO:

19. EXT. 거짓지옥 재판장. 밤

다시 모닥불로 연결되는 화면, 넓게 보면 모닥불을 피워 놓고 폐허
가 된 거짓지옥 재판장에 앉아 있는 강림과 수홍임을 알 수 있다.

CUT TO:

강림, 만신창이 수홍의 눈치를 살핀다.

강림   (자상하게) 고통은 있는데 상처는 없다는 게 신기하지 않
       아?

수홍, 대꾸 없이 모닥불에서 시선을 떼지 않는다.

강림   (눈치를 살피며) 김수홍…!
       때가 되면 말해 줄게. 네가 왜 억울한 죽음인지를…
       미리 알려고만 하지 마라.

수홍   뭐 해 줄 건데…
       (고개 들어 강림을 보며) 내가 그렇게 해 주면… 뭐 해 줄 수
       있는 건데?
강림   (어렵게) 환생… 환생시켜줄 거야.

실성한 듯 웃기 시작하는 수홍.

수홍   (고개 돌리지 않은 채) 내가 그렇게 얘길 했는데, 내 죽음에
       대해 말해주든가.
       네가 뭐 하는 놈인지를 말하라고! 내가 이 씨…

근데 이 새끼가 말끝마다… 환생… 우와 씨!!
와 이 새끼 환생??
환생!! 필요 없다고!!

그러다 벌떡 일어나 허물어진 재판장의 낭떠러지 쪽으로 달려간다.

강림   김수홍!!

아찔한 재판장의 끝에서 멈춰서는 수홍, 강림의 시선을 여전히 외면하고 있다.

강림   (앉으며) 그래… 그럼 내 얘기부터 먼저 해 줄게…
(수홍을 바라보며) 나의 아버진… 내 아버진… 고려 별무반의 수장이자 대거란 전쟁의 고려군 총사령관 강문직 대장군이었어.

그제야 강림을 서서히 바라보는 수홍.

그런 수홍을 바라보는 강림의 얼굴에서 갑자기 육중한 북소리와 함께 뿔고등 소리가 요란하게 들려온다.

FLASH BACK:

뿔고둥 진군 소리가 요란하게 울려 퍼지는 가운데, 수천의 별무반과 함께 언덕 위에서 아래를 조망하고 있는 대장군 강문직의 모습.

FLASH BACK:

언덕 위에서 호위군들과 함께 거란과의 결전을 지켜보는 강문직의 모습. 그 옆에 앳된 모습의 강림(15세)이 말에 올라 호기롭게 전투를 관찰한다.

강문직　진군하라!

강림　(V.O.) 용맹하셨음과 동시에 덕장이셨던 아버진…
그 누구에게나 존경과 신망을 받으셨던 장수셨지!
아버진 내가 말을 탈 수 있는 나이가 되자 모든 전투에
나를 참관하게 했고 자신의 뒤를 이어, 내가 고려 별무반
의 대장군이 되길 바라셨지…

FLASH BACK:

넓은 초원 평야에서 거란과 고려의 별무반이 정면으로 충돌한다.

강림　(V.O.) 아버지가 이끌던 고려 별무반은 거란에겐 크나큰
위협이었어…
패색이 짙어진 거란군은 흥화진의 삼교천에서 결국 무

릎을 꿇었지…

FLASH BACK:

죽음을 기다리듯 무릎이 꿇린 거란의 패잔병들 앞에 고려군들이 칼을 뽑아 들고 있다.
그들 앞에 호위무사들과 함께 나타나는 강문직과 앳된 강림의 모습.

강문직 돌려보내 주거라.

강림 아버님…

강문직 거란의 운명은 이미 다 했느니라.
더 이상의 불필요한 살생을 금하도록 명한다.

떠나는 강문직의 뒷모습과 거란족 패잔병을 번갈아 보는 앳된 강림의 모습.

강림 (V.O.) 모두에게 존경받는 장수셨지만…
오랑캐들에게조차 자비를 베푸시는 아버지를…
나는 그런 아버지를… 이해하지 못 했어…

20. EXT. 검수림(거짓지옥). 낮

거짓지옥 재판장의 외경을 배경으로 걷고 있는 강림과 수홍, 그들
의 시야에 저 멀리 보이는 백염광야가 빛을 발하고 있다.

수홍   (팔짱 낀 채 손가락을 입에 물고) 아부지랑 많이 부딪쳤겠는
       데? 사려 깊은 인도주의자 아버지에…
       원리원칙에 목숨 거는 아들이면?…
강림   이 난리 통에 내 스타일까지 파악한 거야?
수홍   아니, 또 우리 강 차사가 꼿꼿하기로는… 똥도 서서 싸는
       스타일이잖아? 그런 스타일 아니야?
       응? 그리고 여기서 질문. 그 미천 하다는 동생 놈 얘기는
       또 뭐야?

21. EXT. 천 년 전 거란족 마을. 낮

폐허가 된 마을을 말을 타고 이동 중인 고려군, 앳된 모습의 강림이
자신의 옆에 있는 대장군 강문직을 미소 지으며 바라본다.

CUT TO:

위력 시위를 하듯 거란군 포로들을 일렬로 끌고 가는 고려군들 앞에 거품을 물며 쓰러져 있는 말 한 마리가 그들의 진로를 막고 있다. 죽어가는 말 옆에 앉아 있는 초라한 행색의 거란족 소년, 고려군 일행의 행렬이 멈추지 않자 다급해진다.

거란 소년 (중국어) 잠깐만! 잠깐만!

等一下！等一下！

(독음) 덩이쌰! 덩이쌰!

쓰러진 말에게 눈높이를 맞추는 거란 소년.

거란 소년 (중국어) 더 고통받지 말아라. 내가 너무 미안해.

不要再痛苦了。对不起。

(독음) 부야오 짜이 통쿠울러. 뚜이부치.

강문직, 소년을 유심히 바라보며 위병에게 통역을 듣는다. 그런 아버지의 모습을 말을 타고 쳐다보는 어린 강림의 모습.

CUT TO:

거란 소년이 쓰러진 말의 심장 쪽으로 단도를 찔러 넣는 순간, 편안히 숨을 거두는 말.

거란 소년 (중국어) 미안해…

　　　　对不起

　　　　(독음) 뚜이부치.

통역병사 '더 이상 고통받지 마라. 내가 너무 미안해'라고 합니다.

강문직 저 아이의 부모는 어찌 되었느냐?

위병이 대장군의 말을 중국어로 물어보면, 사슴 같은 눈망울의 어린 소년이 고개를 가로젓는다.

통역 병사 저 아이의 부모는 어찌 되었느냐?

　　　　孩子！你的父母呢？

　　　　(독음) 하이즈! 니더 푸무너?

강림 (V.O.) 아버지는 그 거란족 고아 소년을 양자로 삼으셨지.

　　　　모든 것은 그때부터 시작된 거야…

CUT TO:

22. EXT. 현동의 집 마당. 낮

방문을 열어 놓아서 마당까지 하나의 공간처럼 연결된 현동의 집 풍경.

성주, 마당에서 고물을 정리하고 있고 툇마루에서는 덕춘이 현동에
게 한글을 가르치고 있다.

덕춘   그렇지~
          이렇게 자음과 모음을 분리해서 쓰는 거야. 헷갈리지
          않게.
현동   아줌마…
덕춘   아…줌마? 그래. 아줌마…

현동, 자상한 덕춘이 마음에 드는지 생긋 미소로 화답을 해 준다.

식식거리는 모습으로 해원맥이 방에서 나온다.

해원맥   (식식거리며) 아나… 진짜 돌아버리겠네…
          (방으로 다시 들어가며) 영감님…
          반대로!! 반대로!!

CUT TO:

소리를 지르며 방으로 들어가는 해원맥을 이상하게 바라보는 성주.

성주   왜 저래?

고물로 주워온 것 같은 낡은 브라운관 TV에서 뉴스가 흘러나온다.
뉴스를 보고 있는 허춘삼의 좌우를 번갈아 가며 손뼉을 치고 있는
해원맥.
허춘삼, TV에 집중했는지 계속 해원맥과 반대 방향의 손을 들어 올
린다.

해원맥　　영감님. 내가 몇 번을 얘기해요?
　　　　　　오른쪽은 아예 안 들리고, 왼쪽은 가끔 들리는 거로 가자
　　　　　　고 했잖아요!

허춘삼　　(TV 뉴스에 정신이 팔려) 들리는 걸 워떡혀? 이 놈아…

해원맥　　그러니까, 연습을 하는 거 아니에요!
　　　　　　자, 다시 한번 반대로…

순간, 반사적으로 수홍의 소식을 전하는 뉴스에 시선이 가는 해
원맥.

CUT TO:

TV 화면,
마스크를 쓴 채 야산에서 현장 검증을 하는 박 중위의 모습.

TV 앵커　　얼마 전 세상을 떠들썩하게 만들었던 육군 모 부대 총
　　　　　　기 오발 사고 희생자 암매장 사건 모두 기억하고 계실

텐데요.

익명의 제보자에 의해 전달된 지도를 바탕으로 부대 인근 야산을 수색한 결과 이틀 전 김 병장의 사체가 발견되었고, 오늘 군 헌병대의 현장 검증이 진행됐습니다

육군 헌병대가 피의자 박모 중위와 함께 사고 발생 경위부터 사체 유기 및 이동 동선을 따라가며 범행 과정을 확인했습니다.

한편 공범으로 알려진 원모 일병은 대퇴부 복합골절과 함께 정신착란에 의한 부정맥 증세로 아직 진술을 받지 못하고 있는 상황입니다.

군 당국은 피의자 박모 중위의 공판이 다음 달 3일 보통군사법원에서 진행될 예정이며, 원모 일병은 의식이 돌아오는 대로 진술 확보 및 현장 검증을 실시할 예정이라고 밝혔습니다.

다음 소식입니다.

허춘삼　　지 형 죽은 지 얼마나 되었다구… 어휴…

하늘도 무심하시지…

저승사자는 저런 놈들 안 잡아가고 어디서 쳐 놀고 있는 겨~

허춘삼의 이야기에 어이없어하며 노려보는 표정에서,

CUT TO:

23. EXT. 천 년 전 강림의 집 대청마루. 낮

장기를 두고 있는 어린 강림과 거란 소년의 모습.

강림   장군!

CUT TO:

양반다리를 하고 있는 강림에 비해 무릎을 꿇고 장기를 두는 거란 소년.

강문직   형제끼리 무릎 꿇으라는 소리 누가 하더냐?
            바로 앉거라.
거란 소년 (강림의 눈치를 보며 다리를 푼다) 네… 아버님.

강림의 눈치만 보는 거란 소년의 모습에서,

강림   (V.O.) 그놈을 집에 들인 이후로… 난 많은 걸 양보해야만
            했어.

CUT TO:

천 년 전 강림의 집 마당. 낮
강림의 무차별적인 공격을 막아내기 급급한 거란족 소년의 모습.
이런 상황을 지켜보던 강문직, 거란족 소년을 걱정스럽게 본다.

CUT TO:

천 년 전 강림의 집 마당. 밤
거란족 소년에게 검 잡는 법을 알려주는 강문직.

강문직   두 발은 충분히 벌려서 자신의 몸을 지탱할 수 있도록 하
         고 검 끝은 상대를 향해 언제든 공격할 수 있도록 해야
         한다.
거란 소년 네… 아버님…

이 상황을 몰래 뒤에서 지켜보는 강림.

SMASH CUT TO:

24. EXT. 검수림(거짓지옥). 낮

강림   아버지께선 부모를 잃은 그놈이 가엾다는 이유 하나만
으로…

필요 이상으로 그놈을 편애하셨었지

수홍   팩트만 얘기합시다!

팩트만!! 평가는 내리지 말고… 평가나 해석은 듣는 사
람들이 하는 거야… 몰라?

(비트) 그래서, 그 다음에 어떻게 되는데? 아이고~ 이거
옛날 얘기가 왜 이렇게 신선해?! 전개도 무지하게 빨라,
응?

아니, 그래가지고 아버지가 동생 가르쳐가지고, 그래서
어떻게 됐는데?? 어?

막무가내인 수홍을 쳐다보는 강림, 꾹 참는 그의 얼굴에서,

FLASH BACK:

천 년 전 강림의 집 마당. 낮.

강림의 무차별적인 공격을 힘겹지만 막아내기 시작하는 거란족
소년.

뒤에서 바라보던 강문직, 희미한 미소를 띤다.

CUT TO:

천 년 전 강림의 집 대청마루. 낮
장기를 두고 있는 강림과 거란 소년

강림　　장군!
거란 소년 멍군!

장기판을 응시하던 거란 소년, 강림의 말을 먹어 버린다.
가소롭다는 듯 바라보는 강림.

CUT TO:

천 년 전 강림의 집 마당. 낮.
강림과 거란 소년의 다시 시작된 목검 대련.
강림의 공격을 능숙하게 피하는 거란 소년.

CUT TO:

천 년 전 강림의 집 마루. 낮.
강림의 진영에 공격하지 않고, 방어 위주로 장기를 두는 거란 소년.

강림　　장군!

거 란 소 년 멍군!

CUT TO:

천 년 전 강림의 집 마당. 낮.
수비만 하는 거란 소년과 공격 일변도로 지쳐가는 강림의 모습의
대조적이다.

CUT TO:

천 년 전 강림의 집 마루. 낮.
방어 위주로 장기를 두는 거란 소년에게 묻는 강림.

강림　　　넌 왜 공격을 안 하냐??

CUT TO:

천 년 전 강림의 집 마당. 낮.
공격 일변도의 검술로 인해 지친 강림과 침착한 모습의 거란 소년
의 모습.

강림　　　너 공격은 안 하고 왜 막기만 하냐고?

CUT TO:

천 년 전 강림의 집 마루. 밤.
방어 위주의 장기를 두는 거란 소년을 비꼬는 강림.

거란 소년 멍군

강림   무슨 전략이야?

             오랑캐들의 교란술이야?

CUT TO:

천 년 전 강림의 집 마당. 밤. 비.
내리는 비를 맞으며 목검 대련 중인 강림과 거란 소년.

강림   (검을 짚고 일어나며) 언제까지 막기만 할 거냐고?

             대답해…

CUT TO:

천 년 전 강림의 집 마루. 밤.
거란 소년의 방어 위주의 장기 전술에 말리자 분한 표정의 강림.

강림   대답하라고…

CUT TO:

천 년 전 강림의 집 마당. 밤. 비.
분한 표정의 강림이 거란 소년에게 마지막 일격을 가한다.

강림   아버지가 공격하는 건 안 가르쳐 줬냐고!!

강림의 일격을 쉽게 받아내는 거란 소년. 힘이 풀린 강림이 맥없이
쓰러진다.

CUT TO:

천 년 전 강림의 집 마루. 밤.
분한 표정의 강림을 향해 말을 꺼내는 거란 소년.

거란 소년 자고로 모든 전투에 있어 아군의 승리는 적군의 몫이라
            하였습니다.

CUT TO:

천 년 전 강림의 집 마당. 밤. 비.
쓰러졌던 강림이 고개를 들어 거란 소년을 본다.

강림   뭐??

CUT TO:

천 년 전 강림의 집 방 안. 밤.
거란 소년에게 장기를 가르치는 강문직.

강문직   항상 명심하거라…
             전투에 이길 욕심으로 내 전략에만 몰두하지 말고 상대
             의 수를 읽고, 그의 전략을 알아내는 것이 더욱 중요한
             거란다.

CUT TO:

천 년 전 강림의 집 마당. 밤. 비.
쓰러졌던 강림을 향해 검을 겨누는 거란 소년.

거란 소년 전투에 이길 욕심에 내 전략에만 몰두하지 말고 상대의
             수를 읽고, 그의 전략을 알아내는 것이 대장군의 덕목이
             자 자질이라고 아버지께서 가르쳐 주셨습니다.

CUT TO:

천 년 전 강림의 집. 마루. 밤.

분한 강림이 장기판을 엎지만, 의연하게 쳐다보는 거란 소년.

25. EXT. 백염광야(배신지옥). 낮

강림과 수홍, 수정처럼 맑은 백염광야를 걷고 있다.

수홍   으아…. 오랑캐들이 성장은 빨라~ 생존본능!

아니! 그 주워 온 동생 놈한테 우리 강 차사가 억울하게 죽음까지 당했다는 거 아냐!?

아니 근데, 응? 우리 강 차사! 갑자기 칼은 왜 빼 들었지? 여기도 뭐가 나와?

강림   (화가 치밀어)

네 덕분에 이 자식아! 네가 원귀가 되서!

계속 지옥귀들이 나오는 거 알지?

근데 여기는 특별하게 망자가 가장 무서워하는 게 나타나.

너도 마찬가지야 이 자식아!

수홍   어… 그래가지고 칼을 꺼냈구나…

아이고… 넣어 둬.

수홍, 자신을 의아하게 쳐다보는 강림을 바라본다.

수홍   나는 무서운 거 없어.
            (의심하는 강림 보고, 비트) 아이고… 강 선생님! 이제 나한
            테 적응을 좀 해~
            나 몰라?? 원귀였어~

강림   확실해?
수홍   나는 이 세상엔 존재하는 건 무서운 게 하나도 없어!
            무서운 거 있었음. 벌써 나왔겠지!! 애들도 아니고

강림, 잠시 생각하더니 사인검을 내린다.

CUT TO:

26. EXT. 수홍 어머니의 집 앞. 낮

1톤 화물차에 이삿짐을 싣고 있는 수홍의 어머니를 배경으로, 할아
버지와 현동이가 이삿짐을 같이 옮겨 주고 있다.
성주, 차사들과 함께 그 모습을 지켜보고 있다.

해원맥   이제 다 떠나가는구나~

현동   할아버지!

허춘삼   천천히 해 이놈아~

CUT TO:

자홍의 화분을 소중히 들고 오는 어머니, 허춘삼에게 작별의 인사를 정중하게 올린다. 현동이가 아쉬운지 수홍의 어머니를 끌어안는다. 그런 현동이를 자상하게 쓰다듬어 주는 수홍의 어머니.

현동   할머니…

허춘삼   잘 살아야 혀… 아프지 말고

CUT TO:

성주   이제 아들 기다릴 일이 없으니까 떠나야겠지…

CUT TO:

현동   할머니. 잘 살아야 돼

CUT TO:

덕춘   회자정리…

성주   음… 만남이 있으면 헤어짐이 있고…

덕춘   거자필반…

해원맥   그래… 거… 거자필! 음…

덕춘   거자필반

덕춘, 화답을 요구하는 눈빛으로 해원맥을 쳐다본다.

해원맥   (아무 생각이 안 난다) 거… 집중합시다! 이제 이 동네에 성
        주, 당신 집 하나 남았어.

덕춘   (성주를 바라보며) 떠나간 이들은 다시 돌아온다… 거자필
        반…

성주   (덕춘을 바라보며) 그래, 맞다.
        또다시 만날 거고, 돌고 도는 거지.
        거자필반…

현동   (손 흔들며) 할머니 안녕~ 잘 가~

해원맥   (덕춘을 가리키며) 아니, 됐고! 그나저나 우린 어떻게 만난
        건데?
        응? 여진족 고아랑 내가 어떻게 만난 거냐고?

성주, 해원맥의 질문에 그를 바라본다.

DISSOLVE TO:

27. EXT. 천 년 전 북방 설원. 낮

화면 가득, 앞을 바라보며 으르렁대는 호랑이의 얼굴.

CUT TO:

설원 숲속에서 거대한 호랑이와 마주친 천 년 전 덕춘이 위태로워
보인다.

CUT TO:

잠시 정지했던 커다란 호랑이가 서서히 얼음장처럼 굳은 덕춘에게
다가온다.

뒷걸음질 치던 덕춘, 빠지직 자신이 밟은 나뭇잎 소리에 놀라 사력
을 다해 뒤돌아 뛰기 시작한다. 그런 덕춘을 놓칠세라 맹렬히 그녀
의 뒤를 쫓는 거대한 호랑이.
뛰던 덕춘이 돌부리에 걸려 넘어져 궁지에 몰리는 위험한 순간, 어
디선가 날아온 화살이 호랑이의 옆구리에 박힌다.

하지만 화살 하나로는 어림도 없는 호랑이가 돌아누워 뒷걸음질 치
는 덕춘을 물어 가볍게 하늘로 던져 버린다.

맥없이 눈밭에 떨어진 덕춘에게 서서히 다가서는 호랑이. 다시 날아오는 화살이 이번엔 호랑이의 대퇴부에 꽂힌다. 비명 같은 포효와 함께 더욱 성이 난 호랑이, 쓰러진 덕춘의 웃옷을 물어 장난감처럼 그녀를 흔드는 순간, 다시 날아온 화살이 호랑이의 뒷목에 꽂힌다. 물고 있던 덕춘을 팽개쳐 버린 호랑이가 그제야 고개를 돌려 보면, 짙은 안개 속에서 활을 들고 다가오는 해원맥과 수하들의 모습.

타겟을 바꾼 호랑이가 해원맥을 향해 달린다. 해원맥 역시 활을 던져 버리고 털보에게 창을 건네받아 호랑이 쪽으로 달리기 시작한다. 도움닫기를 마친 해원맥, 힘껏 창을 던지면 둔탁한 파열음을 내며 거대한 호랑이의 정수리에 그대로 박히는 해원맥의 창.

CUT TO:

눈밭에 머리를 조아리고 있는 덕춘에게 다가오는 해원맥과 그의 수하들.

덕춘	(중국어) 谢谢！谢谢！
	(독음) 씨에, 씨에씨에, 씨에!
털보	(웃으며) 여진족 오랑캐입니다. 대장
덕춘	(반응이 없자, 슬쩍 고개 들어 보고는) 고려 분들이세요? 감사합니다! 고맙습니다!
	먹을 걸 찾으러 왔습니다! 감사합니다!

덕춘이 고개를 드는 순간, 눈앞에 해원맥의 칼이 겨누어져 있다.

해원맥   너희들의 은거지로 날 인도해라…

호랑이보다 더 무서워 보이는 해원맥의 언행에 겁을 잔뜩 먹는 덕
춘의 모습.

CUT TO:

28. EXT. 천 년 전 북방 설원 오두막 내부. 낮

오두막의 문이 열리며 칼을 들고 들어오는 해원맥과 수하들.

CUT TO:

그들의 시야에 한참 놀고 있던 오두막 안의 아이들이 보인다.

CUT TO:

칼을 들고 있는 수하들의 모습에 울기 시작하는 아이들의 모습.

CUT TO:

오두막 밖으로 나온 해원맥과 털보, 그리고 수하들. 오두막 안쪽에서 아이들의 울음소리가 들려온다.

털보   대장, 여진족의 잔당입니다. 뿌리를 뽑죠?

고개를 끄덕이는 해원맥. 털보가 칼을 뽑아 오두막 안으로 들어가려고 하는 순간, 털보를 막는 해원맥.

해원맥   (단도를 꺼내며) 내가 직접 하겠다.

안에서 들려오는 아이들의 울음소리가 점점 더 커질 무렵,

CUT TO:

오두막 밖으로 나오는 해원맥, 손에 피가 흐르는 단도를 들고 있다.
해원맥, 오두막 안을 향해 나오라는 손 지시를 내린다. 동시에 하나, 둘 여진족 아이들이 문밖으로 나오기 시작한다.
마지막으로 나오는 덕춘, 그녀의 시야에 호랑이 고기를 손질하고 있는 해원맥의 수하들이 보인다.

해원맥   (멍해진 덕춘에게) 고기는 배가 고프더라도 꼭 삭풍에 말

려서 먹도록 하고, 뼈는 갈아서 상처가 난 아이들에게 발라 주도록 하거라.

저 호랑이 가죽은 혹한기에 식량을 구하러 나가는 사람에게 입히도록 하고…

그리고, 다시는… 다시는!! 남쪽으로 내려오지 말 거라.

덕춘, 고개를 끄덕이면서도 감동스러운지 해원맥을 바라보는 눈에 눈물이 고이기 시작한다.

CUT TO:

29. EXT. 현동의 집 마당. 낮

이전 과거의 눈물 고인 덕춘의 모습 그대로, 어딘가를 바라보며 엄지손가락을 보이는 그녀…

CUT TO:

지붕 위에 오글거리는 자세로 턱을 괴고 앉아 있는 해원맥을 향하고 있다. 과도하게 겸손한 표정으로 마당의 덕춘에게 고개를 돌리는 해원맥.

CUT TO:

멍한 표정의 현동이가 해원맥과 덕춘을 의아하게 바라본다.

현동   삼촌! 옛날얘기 더 해줘~ 더~~

얘기를 다 마친 듯 툇마루에 앉아 있는 성주, 보채는 현동보다 지붕 위의 해원맥이 더 곤욕스러운 표정이다.

성주   (해원맥에게) 야~ 인마~ 거길 왜 올라갔어! 또~ 안 멋있
       어 내려와!
       (혼잣말로) 아이고, 지랄하네

그 순간, 대문을 열고 들어오는 철거 용역 무리, 쇠파이프로 문을 두 드리며 무력시위를 한다.

성주   (해원맥에게) 가만있어!

철거 용역에게 인사하며 다가가는 성주.

성주   (진실하게) 아이고, 형님들 오셨어요? 요새 통 안 오셔 가
       지고… 제가 걱정을 했네… 컥!

성주의 먹살을 잡아 밀치는 철거반.

철거반   나가, 나가라고, 그냥 나가라고!
           내가 걱정되면 그냥 나가라고!

평상에 밀쳐져 쓰러지는 성주. 놀라 다가가는 현동과 덕춘.

현동   (놀라서) 삼촌!
덕춘   (부축하며) 어떡해…!
현동   이 나쁜 놈들아!

지붕 위에 있던 해원맥이 내려와 철거 용역 고용자들에게 다가간다.

해원맥   야! 또 왔네.
           또 오면 저승 투어 한다 그랬지. 또 왔어.
성주   (말리며) 야!
           아니야 임마!
           아니야! 야!
철거반   (해원맥을 가리키며) 넌 뭔데?

순간, 철거 용역들 주변에 바람이 일기 시작하더니 순식간에 현동의 시선을 넣어놓았던 빨래로 가리는 해원맥.

동시에 벼락같은 해원맥의 광속 공격이 시작된다. 해원맥이 신출귀
몰 액션에 용역들, 팔이 부러지며 바닥에 널브러진다.

해원맥, 한 손으로 널브러진 철거반의 다리를 잡아 거꾸로 들어 올
린다.

해원맥   빌린 돈은 만신창이 펀드가 오르면 반드시 갚을 것이고,
    밀린 이자는 중국 증시가 회복되면 3부로 쳐서 갚을 것
    이다.
    그리고 너희들의 팔은 약속된 순서대로 부러뜨린 것이
    니…
    다시는… 다시는… 이 언덕 집으로 올라오지 말 거라.
성주   아니야…

성주, 해원맥을 바라보며 아니라는 손사래를 친다.

해원맥   응?
철거반   저희 철거반이에요…
    공무원들이 용역 준 거라구요.
    사채업자 아니라니까…
성주   (좌절하며) 아니랬잖아… 씨…
    이건 공권력에 대한 도전이라고… 저 미친 놈…
현동   (성주를 툭툭 치며) 삼촌~ 삼촌~

뻘쭘해진 해원맥, 쓰러진 성주의 망했다는 표정에서,

CUT TO:

30. EXT. 백염광야(배신지옥). 낮

쾅! 여전히 번개가 내려치는 백염광야. 강림을 따라 걷던 수홍, 천둥
소리에 짐짓 놀란다.

수홍   나도 사실… 엄밀히 생각하면 있어. 무서워하는 게…

강림   (다급히 고개를 가로저으며) 아니야, 아니야, 아니야! 아니
야!
뭘 엄밀히 생각해? 어? 편하게 해!

수홍   안 불편해. 지금…

강림   그러지 마!… 그러지 마! 너 세상에 무서운 거 없다 그랬
다, 맞지?

수홍   (끄덕이고) 응… 세상에 존재하지 않는 거 중엔 있지. 지
금은 세상에 없는 거.

무슨 소리 할지 기대보단 우려의 눈빛으로 수홍을 바라보는 강림.

수홍	멸종된 파충류야…
강림	너 혹시 개구리 싫어하니?
수홍	개구리는… 이승에 널렸어! 그리고, 양서류고.

강림, 불안해지기 시작하는지 어색한 미소를 짓는다.

강림	(깜짝 놀란 척) 양서류야? 개구리가?! 자! 빨리 가자!
수홍	'쥬라기 공원' 영화 봤어?
강림	내가 영화 볼 시간이 어딨어? 빨리. 가자!
수홍	멸종된… 공룡들! 그중에서도 랩터… (생각하며) 육식 공룡인데… 와~ 이거! 뭐 죽었는데도 소름이 돋냐?

강림의 시야에 수홍의 뒤편으로 번개가 내리친다. 그곳에서 솟아오르는 랩터 한 마리. 강림, 서둘러 사인검을 다시 소환한다.

강림	랩터…?! (눈으로 확인하고, 수홍에게) 한 마리네?
수홍	에이… 걔들은 집단 사냥을 하지. 협동 사냥에 초고수들이야. 걔들이 달릴 때 얼마나 빠른 줄 알아? 걔들이 막 뛰기 시작하면 그냥! 시속 한 70킬로!?

갑자기 랩터들의 숫자가 늘어난다. 동시에 수홍에 말에 지시를 받

은 듯 속도를 붙여 달려오기 시작하는 랩터들. 마치 엄청난 수의 타조 떼를 방불케 한다.

강림, 서둘러 사인검으로 자신들의 주변 바닥에 원을 그려 놓는다.

강림	김수홍! 절대 뒤돌아보지 말고…
	여기서 한 발자국도 움직이지도 마!
수홍	왜 그래?
강림	절대로 뒤돌아보면 안 돼…

아무렇지도 않게 뒤를 돌아보는 수홍의 시야에, 랩터들이 떼를 지어 달려온다.

| 수홍 | 뭐야? 뭐야!!! |
| | 뭐야!!! 뭐야!!! |

비명을 지르며 반대쪽으로 뛰어 도망가는 수홍. 강림, 일이 복잡하게 됐다는 표정으로 수홍을 쫓아 뛰어간다.

CUT TO:

31. INT. 주민센터 안. 낮

주민센터 직원과 상담을 나누고 있는 허춘삼. 그 뒤쪽에 차사들이
상황을 예의 주시하고 있다.

허춘삼   안 들려~ 무조건 안 들려~

(인상 쓰며 고개 젓는다) 아무것도 안 들려~

센터 직원   그럼 저 어르신!

저기 귀 안 들리는 거 말고!

어디 몸 다른 데 불편한 데는 없으신겨!?

(뒤쪽을 힐끔 바라보며) 에~

허춘삼, 인상을 쓰며 잘 안 들린다는 표정을 직원에게 보이고는 뒤
쪽의 무리를 슬쩍 바라본다. 허춘삼에게 잘하고 있다는 듯, 덕춘이
엄지손가락을 들어 보인다.

센터 직원   (혼잣말처럼) 아이, 저… 불편한 데가 많으시면 보조금을
더 받아 낼 수 있어서 말씀드리는 건디…

허춘삼   (자신도 모르게) 무릎이 쑤셔. 많이 쑤셔~ 엔간히 아파야
지~

반사적으로 고개를 푹 숙이는 성주와 차사들.

센터 직원 (감을 잡은 듯) 그럼 저… 일전에 대 못에 찔린 데는 괜찮
　　　　　으신겨?

허춘삼　　그건 괜찮여, 주사도 맞고 약도 먹었은게.

센터 직원 갑자기, 적은 소리도 잘 들리시나봐요?

허춘삼　　아니여! 안 들려! 또 갑자기 안 들려!
　　　　　그르니께 내놔! 보조금 얼른! 내놔!

센터 직원 들어~ 있어 봐요~

판단이 끝난 센터 직원이 벌떡 일어난다.

센터 직원 저기요! 그 뒤에 거기 저기 저 허춘삼 씨 그 저 보호자 되
　　　　　시는 분들!
　　　　　하나, 둘, 세 명! 저 나 좀 봐요.
　　　　　못 들은 척 뚱땡이!

못 들은 척하는 성주를 해원맥이 밀친다.

해원맥　　에… 저요?
　　　　　어… 아저씨
　　　　　가… 가 보래…

CUT TO:

32. EXT. 주민센터 외부. 낮

주민센터 복도 한쪽 끝, 센터 직원에게 이야기를 듣고 있는 덕춘과 해원맥 답답한 표정의 성주.

덕춘   해외 입양이요??

솔깃해진 덕춘이 직원을 빤히 쳐다본다.

센터 직원 (화가 나서) 현동이 나이에 인제 해외 입양은 적응도 잘 되고, 그리고 또 언제 가보겠어? 걔가?
그리고 국내 입양은 애가 나이가 많아서 이제 애로 사항이 많지.

덕춘   그러니까. 외국 보내라는 말씀이신 거네요?

센터 직원 어~ 어~ 할아버지나 후견인. 둘 중에 한 사람만 사인하면 가~

해원맥   (덕춘과 서로를 마주 보며) 하… 후견인??

센터 직원 내가 현동이 집 사정을 모르는 것도 아니고… 대안을 주는거.

해원맥   후견인~

해원맥과 덕춘, 후견인이라는 말에 옆에 있는 성주를 동시에 바라본다.

CUT TO:

33. EXT. 백염광야(배신지옥). 낮

백염광야를 죽어라 달리는 수홍과 뒤따르는 강림. 어느덧 그들과
경주하듯 수홍의 옆까지 달려온 랩터 무리들, 여유를 즐기며 수홍
을 위협한다. 수홍, 자신을 공격하는 랩터의 이빨을 피해 미끄러져
넘어지며 가까스로 위기를 극복한다.

강림	김수홍! 눈 감아!
	눈 감아! 눈 감아!
	김수홍. 거기 서!
수홍	서라고?
강림	그래! 서!

뒤따라온 강림, 재빨리 슬라이딩을 하며 사인검으로 수홍과 자신의
주변에 원형 아크를 그린다. 원 안으로 접근하지 못하는 랩터들. 화
가 나는지 서로 티격태격하다가 자기들끼리 물고 뜯고 난타전이 벌
어지고 있다.

수홍	뭐야! 뭐야!!!!

(강림 뒤에 숨어) 협동 공격이 시작됐다.

랩터 한 마리가 달려들려는 순간. 무엇인가 나타나 랩터를 물어 던져 버린다. 육중한 대형 티라노사우루스의 등장이다

수홍   티라노… 티라노 사우루스다…

티라노의 거대한 크기에 놀란 강림과 수홍. 랩터를 정리한 티라노사우루스, 커다란 입으로 그들을 덮치려고 한다.

강림   더 큰 거… 더 큰 거 없어?

순간 백염광야의 깊은 곳에서부터 무엇인가가 올라오더니 지평선을 박차고 튀어 올라 강림과 수홍을 삼켜 버린다.

34. EXT. 현동의 집 마당. 낮

허춘삼에게 귀뺨을 맞는 성주신.

허춘삼   입양? 이런 미친놈의 자식들 아니여?? 내가 멀쩡히 살아 있는데 내 새끼를 왜 남한테 맡긴다는 거여?!

성주   (귀뺨을 어루만지며) 그러니까… 그… 계속 살아 계셔야
        되는데요.

허춘삼   내가 젊었을 때, 그 어려웠을 때에도, 쟈 애비 남의 손에
        키우지 않았어! 이 썩을 놈들아!
        으이구…

허춘삼, 노기 때문인지 눈에 눈물이 고이기 시작한다. 답답함에 고
개를 흔들던 해원맥이 평상에서 일어난다.

해원맥   참 나… 그러니까 영감님 젊었을 때 잘 살았으면 이런 일
        이 왜 생겨? 젊었을 때 후회의 씨앗을 쭉쭉 뿌리고 다니
        니까 늙었을 때 지금처럼 눈물로 거둬들이는 거 아닙니
        까?!!!

덕춘, 쓴웃음을 보이며 해원맥을 만류해본다.

해원맥   (덕춘에게) 놔 봐~ 놔 봐!

성주   (해원맥에게) 야 임마! 너 뭐?? 뭐??

해원맥   (성주에게) 가만있어 봐!
        (허춘삼에게) 자, 영감님… 이제 신문 못 보죠? 가까운 거
        안 보여… 노안 왔어… 그죠? 왜 늙으면 노안이 생기는
        줄 알아요?… 나이 처먹을수록 가까운 거 보지 말고 저
        멀리 보라고~ 저 멀리~

큰 거 보라고~ 자. 이제 우리가 더 멀리!
현동이 미래에 대해 한 번 생각해 봅시다.
예? 해외 입양이란 게…

쫙!! 이제는 해원맥의 귀뺨을 후려치는 허춘삼.

해원맥   (화가 끝까지 올라) 허춘삼~~~!! 네 이놈!!!!! 내가… 내
          가… 내가 누군지 아느냐!!!

허춘삼과 덕춘, 성주… 모두 어이없는 표정으로 해원맥을 바라본
다. 갑자기 천둥과 벼락을 동반한 폭우가 쏟아진다.

덕춘   천기누설… 안 돼!! 안 돼요!! 천기누설!!
성주   안 돼!

성주, 너무 늦었다는 듯 자포자기 상태로 힘없이 고개를 떨군다.

해원맥   (결연하게, 소리치며) 새파랗게 어린놈이!
          내가 감히 누군 줄 알고! 어느 안전에다 귀뺨을 올려붙
          이느냐?
성주   (해원맥에게) 야! 안 돼!… 하지 마!!
해원맥   (성주에게) 닥쳐!
          (허춘삼에게) 허춘삼 네 이놈! 난 지난 천년 간 너희들 죄

많은 인간을 구원해 주고…

쫙!!! 또 다시 해원맥에게 싸대기를 올려붙이는 허춘삼.

허춘삼   네놈들은 애미 애비도 없는겨?!
해원맥   (태도를 급격히 바꾸며) 죄송합니다. 어르신.?…

진노한 허춘삼, 뺨을 어루만지며 고개를 숙이고 있는 해원맥의 멱
살을 잡는다. 급히 허춘삼에게 달려오는 성주와 덕춘이 허춘삼을
만류한다.

성주   (다급하게) 아 얘가 비 오는 날만 되면 이럽니다!
덕춘   비 오는 날 오빠가 교통사고를 당했어요…
성주   (시늉하며) 머리를 한 번 크게 열었어요… 네.
해원맥   (정신차리며) 진짜 크게 열었거든요. 어르신! 죄송합니다!
허춘삼   우리 현동이가… 내 손주라는 게 중요헌 게 아니여. 내가
            현동이 할애비라는 게 중요한 거여…

허춘삼, 갑자기 힘이 빠지는지 방으로 들어가 버린다. 폭우 앞에 생
쥐 꼴이 되는 차사들과 성주가 안쓰럽다.

배신

35. EXT. 백염 광야 지면 밑 (배신지옥)

INSERT TO:

백염광야를 부감으로 본 화면, 수정같이 맑게 빛나는 백염광야의 지면 밑으로 마치 수중처럼 거대한 모사사우루스가 유영하고 있다.

CUT TO:

36. INT. 모사사우루스의 뱃속

모사사우루스의 배 속 위장 안인 듯 불규칙한 모양의 점액질 벽으로 둘러싸인 곳에 앉아 있는 강림과 수홍.

수홍   (위장을 둘러보며) 와… 공룡 뱃속에… 그것도 가장 크고

포악하다는 모사사우루스 뱃속에 들어오다니… 내가 최
초겠네?

강림   축하한다 김수홍. 저승 와서 1등 하는 거 많네,

수홍   어휴 여기서 소화되는 건 아니겠지?

강림   이 배신지옥의 끝과 끝을 오갈 거야. 안전하게 모셔주면
감사하게 내리면 되는 거고.

수홍   배신의 끝이라… 배신의 끝~…

강림을 힐끔 보는 수홍.

FLASH BACK:

야산 수홍의 암매장 장소,
암매장하기 위해 수홍을 옮기는 박 중위와 원 일병.

CUT TO:

강림   김수홍. 박 중위랑 원 일병… 만약에 널 배신한 거라면
넌 어떨 거 같애?

수홍   뭘 어떨 거 같애… 배신했다구?

대답을 기다리는 강림이 수홍을 바라본다.

FLASH BACK:

야산 수홍의 암매장 장소,
야산에 수홍을 묻고 있는 박 중위와 원 일병.

CUT TO:

수홍   그럴 사람들이 아니야. 원 일병 그놈 관심사병이잖아.

FLASH BACK:

부대 산길,
완전 군장을 하고 행군하는 소대원들.
힘겨워 숨을 헐떡대는 원 일병, 주저앉는다.

수홍   (V.O.) 몸은 안 따라주지… 그렇다고 독해서 버티기를 하
        나…
        지보다 어린 후임들한테 무시당하기 일쑤고…
        그게 얼마나 비참하냐?

CUT TO:

수홍   (생각에 잠겨) 으휴… 불쌍한 놈…

FLASH BACK:

부대 산길,

낙오되는 원 일병을 부축하기 위해 다가가는 수홍의 모습.

박 중위　　(뒤처진 원 일병을 바라보며) 선두 정지!

수홍　　　일어나, 인마.

주저앉았던 원 일병이 수홍과 함께 행군을 이어간다.

박 중위　　자 2소대 앞으로 가!

수홍　　　(V.O.) 그러는 박 중위는 또 어떻고…

FLASH BACK:

부대 연병장,

부대 표창을 받는 박 중위의 모습.

수홍　　　그 인간 고아 출신으로 육사 최초로 졸업해가지고 얼마

　　　　　나 아등바등거리면서 살았는데…

CUT TO:

수홍　　　언제 한번, 내 휴가 때 자기 집으로 찾아오라고 그러더라
　　　　　구. 나 때문에 표창을 받았대나? 어쨋대나?

FLASH BACK:

박 중위의 아파트,
이미 취한 박 중위와 수홍이 앉아 있고, 만삭의 박 중위 부인이 술상
을 내온다.
술에 취해 수홍에게 뭐라고 떠드는 박 중위, 그 옆에 임신한 부인이
미소를 지으며 다소곳이 수홍을 바라보고 있다.

박 중위　　어이 김 상병!
수홍　　　상병 김수홍!
박 중위　　그래 수홍아… 우리 애기 생겼다…
수홍　　　어… 베이비…!

아기 소식을 축하하는 수홍, 박 중위 부부와의 즐거운 시간.

수홍　　　(V.O.) 없는 살림에 와이프까지 임신해~ 다음 달은 대위
　　　　　진급 심사 1순위이야~ 에휴

FLASH BACK:

부대 산길,
원 일병을 부축해 함께 행군하는 박 중위와 수홍의 모습.

FLASH BACK:

경계 초소,
총에 맞아 쓰러진 수홍을 바라보는 절망한 표정의 박 중위.

수홍   (V.O.) 원동연이나 박 중위나… 초소에서 나 오발 사고로
          죽었을 때 그때 아마 고민 많이 했을 거야…

CUT TO:

수홍   단지 그때 상황이 안 좋았던 거지…

수홍의 이야기를 듣고 있는 강림, 자신이 봤던 순간을 떠 올린다.

FLASH BACK:

야산 수홍의 암매장 장소,
원 일병을 다독이는 박 중위, 뒤에서 상황을 지켜보는 강림.

박 중위   정신 차려 원동연!

수홍이도 이해해 줄 거라고, 임마.
빨리 묻자… 수홍이 죽었다고 임마!!

강림의 시선에 수홍의 움직이는 손가락이 들어온다.

수홍   (V.O.) 만약에 개들이 내가 죽지 않은 걸 알았다면은…

CUT TO:

수홍   그냥 그렇게 묻진 않았을 거라는 거야…
적어도 날 배신할 사람들은 아니라는 얘기지. 남을 배신
한다는 게 그게… 쉬운 것도 아니고…

수홍, 두 사람에 대한 소회를 밝히고는 우울해지는지 고개를 떨군
다. 생각에 잠긴 듯한 강림의 표정에서,

FLASH BACK:

37. EXT. 천 년 전 공험진 인근 병영

고려 별무반의 1만 대군이 전쟁을 대비해, 경계를 서고 있다.

CUT TO:

중무장을 한 강림이 병영을 가로질러 막사로 들어가려고 한다. 인기척에 멈칫하는 강림, 막사의 틈을 이용해 그 안을 엿본다.

강문직 아들아…
          내일 전투는 동북 9성을 두고 싸우는 여진과의 마지막 전투가 될 것이다.

동생   네, 아버님.

강문직 나와 함께 출정하겠지만… 선봉에는 네가 선다.

동생   아버님… 형님이 계십니다.

강문직 네 형이 선봉에 선다면… 전투는 반드시 이기겠지만,
          많은 아군의 사상자 또한 수반될 것이다.
          다 이긴 전쟁에 아군의 불필요한 희생이 생기는 것을…
          난 용납할 수가 없구나.

동생   아버님… 형님을 대신해서 제가 간다는 것은…

강문직 애야… 목숨의 무게를 다르게 재는 자는…
          결코 훌륭한 장수가 될 수 없다.
          알겠느냐?

동생   네… 아버님…

막사 밖에서 엿듣고 있는 강림의 착잡한 표정.

수홍   (V.O.) 아니! 아부지가! 배신을 때렸네 어?

다소 흥분한 수홍이 물끄러미 강림을 바라본다.

38. INT. 모사사우루스의 뱃속

강림에게 다가와 말하는 수홍

수홍   아버지가 아들한테 배신을 때렸어…!
         아무리 이게… 이게… 친자식이 못 미더워도 그렇지…
         어떻게 주워온 자식한테… 그거를… 어?
         야 강 차사, 너도 여기… 여기… 속이 아주 썩어 문드러
         졌겠다. 어? 하이 참 헉!

순간, '쿵'하는 충격음과 함께 몸이 휘청대는 강림과 수홍, 수습할
새도 없이 재차 전해지는 충격과 함께 튕겨져 오른다.

CUT TO:

39. EXT. 배신지옥. 밤

쾅! 거울 바닥을 깨고 튀어나오는 모사사우루스, 강림과 수홍을 뱉어낸다. 강림, 미동 없는 모사사우루스를 배경으로 아무도 없는 휑한 재판장을 둘러본다.

수홍   (드러누운 채) 야… 아버님이 참 그 대단하신 게… 오랑캐를 잡으려고,
       오랑캐 양아들을 데려가신 거잖아…
       그런 걸 '이이제이'라고 그러지? 그걸?

강림, 수홍의 손을 잡아 일으켜 세우며,

강림   (끄덕이며) 결국엔 아버진 가장 치열하고도 위험했던 여진과의 공험진 전투에 내가 아닌 내 동생을 데리고 나가셨던 거지.

FLASH BACK:

40. EXT. 천 년 전 공험진

시쳇더미가 쌓여 폐허가 된 공험진 전쟁터에 뒤늦게 당도하는
강림.

강림   (V.O.) 그게 내가 본 아버지의 마지막 모습이었어…
           그 공험진 전투에서 고려군은 5만 명의 별무반을 잃게
           되었고…
           난… 아버지를 잃게 되었어…

FLASH BACK:

41. 천 년 전 강림의 집

아버지의 장례식인 듯, 오열하고 있는 장수들과 슬퍼하는 가족들의
모습이 보인다.
넋이 나간 표정으로 장례식을 지켜보는 강림의 모습.

FLASH BACK:

42. 천 년 전 개경

대관식, 왕에게 칼을 하사받으며 임관하는 강림의 모습. 그의 뒤로 수많은 군사가 늘어서 있다.

강림   (V.O.) 그 후 조정에선 동북 9성의 수호를 위해 서둘러 날 대장군으로 임명했지…

CUT TO:

43. EXT. 배신지옥. 밤

배신지옥을 걷고 있는 강림과 수홍.

수홍   강 차사!
          내 우리 강 차사가 대장군인가 뭔가 되고 나서 제일 먼저 한 일이 뭔지 맞춰 볼까?

CUT TO:

답을 기다리듯, 수홍의 얼굴을 빤히 쳐다보는 강림.

FLASH BACK:

천 년 전 아버지의 장례식,
오열하고 있는 장수들과 무릎 꿇고 슬퍼하는 동생의 모습이 보
인다.

수홍   (V.O.) 아버지의 죽음을 막지 못했다는 책임을 물어 혼자
         살아 돌아온 오랑캐 동생 놈을 봉고파직 시켰다!

뒤돌아 멈춰 서 있는 강림을 바라보며,

수홍   에… 뭘 걸까? 그래 우리, 강 차사가 그렇게 원하는 내 환
         생 걸자, 환생.

그런 수홍의 말에 아무 대답을 못 하는 강림의 얼굴에서,

CUT TO:

44. EXT. 마을 공터. 밤

카세트 라디오에서 조용필의 '돌고 도는 인생'이 흘러나온다.

CUT TO:

한쪽에는 성주와 해원맥이 고물을 찾고 있고, 다른 한쪽에 앉아 현동에게 한글 연습을 시키고 있는 덕춘이 보인다.

CUT TO:

성주   내가? 후견인을?

해원맥   그럼 이렇게 고물 주워 모아가지고 해결이 돼요? 사채가? 3억이야, 3억!

성주   (묵묵히 고물을 발굴하며) 펀드는 반드시 오른다.

곧 미칠 것만 같은 해원맥의 표정.

성주   그러니까. 입양 말고, 다른 방법을 찾아보자고.

해원맥   자꾸 뭘 찾아요. 찾긴!

          왜 자꾸 사막에서 오아시스를 찾아?

          근본적으로 사막을 벗어날 고민을 해야지.

          해외 입양 말고 현실적인 대안이 어딨냐구?

          어! 어? 어우, 열 받아.

          그러니깐 뭘 한다고 기어 쳐 나와가지고!

          거기다 이런 집이 어디 한둘이야!?

          집 판 보상금… 달랑 그거 하나 남았는데…

그건 또 왜 건드렸냐고…!

빌라나 아파트 하나 해 뒀으면 좀 좋냐고?

CUT TO:

현동, 입양이란 단어를 덕춘의 가르침대로 자모음을 완전히 분리해
서 써 놨다.

현동   아줌마, 나 입양 가는 거야? 응?

덕춘을 물끄러미 바라보는 현동.

현동   나~ 그냥~ 옛날 얘기 또 해 줘.
          (카세트 노래를 반주 삼아 곡조를 붙여) 돌고 돌아가는 인생~

덕춘, 쓸쓸한 미소로 현동을 쓰다듬는다.

CUT TO:

성주   그럼 이 자식아! 도대체 넌 어떻게 하자는 거야!? 인마!
해원맥 그러니까 잘 알지도 못하는 주식이랑 펀드를 왜 했냐고.
성주   네가 주식을 뭘 안다고…! 주식이… 임마…
          그러니까… 해외로 입양을 보내는 게 최선이냐구!? 이

자식아!!

해원맥   지금 이 집구석에 최선이 어딨어?!

차악은 피하고, 차악을 선택하자는 거지!

내일 법원 가!

법원가서 후견인 사인해!!

덕춘   (큰 소리로) 저기요! 성주신 님!!

건너편 폐차 더미를 바라보는 성주.

성주   왜!?

덕춘   전 다시 안 내려가요?

성주   먼저 들어가~ 현동이 데리고 들어가서 재워~

덕춘   아니요~ 옛날에요! 전 그다음부턴 남쪽으로 다시 안 내
        려갔냐구요?

그제야 답답해하던 해원맥이 덕춘 쪽으로 시선을 돌리며,

DISSOLVE TO:

45. EXT. 천 년 전 북방 설원 숲 속. 밤

눈이 쌓인 숲길에 누워 있는 호랑이 한 마리.

CUT TO:

털보   조금 전 순찰 중에 발견했습니다.

지그시 바라보던 해원맥, 칼집 채로 호랑이를 돌려본다. 호랑이 가
죽을 둘러쓰고 기절해 있는 덕춘이 힘겹게 눈을 뜬다.

해원맥   다시는, 다시는 남쪽으로 내려오지 말라고 일렀었다.
        내가 너희를 살려준 이유는…

덕춘   (눈에 눈물이 고이며)
        잘못했습니다… 아이가… 아이가… 아파요…
        약초를… 약초를 구해야 합니다….

한숨을 쉬며 먼 산 쪽으로 고개를 돌리는 해원맥, 다시 하얀 김을 내
뿜으며 탈진해가는 덕춘을 바라본다.

CUT TO:

46. EXT. 천 년 전 북방 오두막. 밤

지쳐 쓰러진 덕춘을 털보가 간호하고 있고, 해원맥이 앓아누운 아이에게 약초를 달인 탕약을 먹이고 있다.

CUT TO:

시름시름 누워 있는 덕춘, 그런 해원맥의 모습을 바라보는 그녀의 표정이 깊다.

CUT TO:

47. EXT. 천 년 전 북방 설원. 밤

폭설이 그친 눈 덮인 설산 오두막 앞에 해원맥이 앉아 있다.

잠시 후, 그의 옆으로 누더기 가죽을 가운처럼 입고 앉는 덕춘의 모습.

해원맥   (앞을 바라보고) 차도가 좀 있느냐?
덕춘   네. 열도 내리고, 잘 자고 있습니다.

해원맥   네가 차도가 있냐고 물은 것이다.

수줍은지 대답을 못 하는 덕춘, 설산을 보고 있는 해원맥의 옆 모습
만을 살핀다.

성주   (V.O.) 여진족 고아들을 자식처럼 보살폈던 덕춘과 그들
        을 도왔던 외로운 고려 장수 해원맥…

CUT TO:

48. EXT. 현동의 집 툇마루. 밤

성주   지금까지 해원맥과 덕춘의 아름다운 옛날이야기…
        이만 대단원의 막을 내리도록 하겠습니다.
        지금까지 애청해주신
        (해원맥에게 마이크 대며) 일직차사 해원맥,
        (덕춘에게 마이크 대며) 월직차사 이덕춘,
        그리고!

성주, 입 벌리고 듣고 있던 현동에게 손 마이크를 대준다.

현동	허현동!
성주	허현동 님께 진심의 감사의 말씀을 드리면서~ 애국가
	시작! 끝! 들어가자~
현동	끝!
성주	얼른 자~!
해원맥	(일어나며) 잠깐만. 성주!

해원맥, 자리를 정리하고 일어서는 성주의 팔을 잡는다.

해원맥	애기의 생략이 너무 많이 된 거 같은데…
덕춘	듣고 싶습니다. 성주신 님!
해원맥	이야기 끝은 있고 처음이 없잖아~
	내가 왜 변방으로 갔어?
	그게 이야기의 시작이잖아
성주	이제부터… 6.25나 1.4후퇴 같은 건
	니들한테는 난리도 아닐 거야?!… 응?? 그만하자.
해원맥	누가 날 변방으로 보냈냐고!
	그걸 먼저 알아야겠어…
	누구야?… 누구냐고?

어쩔 수 없다는 듯 한숨을 쉬는 성주, 고개를 들어 해원맥을 바라보며,

CUT TO:

죄
책
감

49. EXT. 천 년 전 북방 설원. 낮

해원맥이 나뭇가지로 눈 바닥에 한자로 밀언을 써 놓는다.

덕춘   밀…언…
          밀…언…이요?
          말을 잘 하지 않는다 해서 밀언이에요?
해원맥   나의 상관이신 분이다. 나에게 북방의 여진을 방비하라
          고 보내셨지.

*끄*덕이는 덕춘.

해원맥   너희들의 부모는 군인이었느냐?
덕춘   농사 지으시던 촌부셨어요.
해원맥   전쟁 통에 부모님과 헤어졌구나…
덕춘   아니요… 두 분 모두 죽었어요.

고개를 돌려 덕춘을 바라보는 해원맥.

덕춘   귀양을 왔다는 하얀 삵이라는 무시무시한 고려의 장수
         에게요…
         항상 하얀 삵의 털목도리로 얼굴을 가리고
         여진 사람들만 보면 닥치는 대로 다 죽였대요…
         양민이고… 군인이고…

SMASH CUT TO:

천 년 전 여진족 마을,
하얀 털목도리로 얼굴을 감싼 채 칼을 휘두르는 하얀 삵의 모습.

CUT TO:

덕춘을 바라보는 해원맥의 얼굴이 어색한 미소를 띠기 시작한다.

해원맥   닥치는 대로…

SMASH CUT TO:

천 년 전 여진족 마을,
아이들을 피신시키는 덕춘과 여진족 사람들에게 칼을 휘두르는 해

원맥의 모습.

덕춘   (V.O.) 하얀 삵이 마을에 들이닥쳤던 그날…
          저희 부모님도… 그렇게…

CUT TO:

해원맥을 바라보며 이야기하는 덕춘.

덕춘   그런데 하얀 삵도 무슨 사연이 있었을까요?
          여진 사람들을 그렇게 한 거 보면…

천 년 전 여진족 마을,

여진족 마을 사람들을 공격하는 해원맥의 모습.

DISSOLVE TO:

50. INT. 현동의 집 방 안. 밤

해원맥의 뒷모습을 말없이 바라보는 덕춘. 충격을 받았는지 눈물을 글썽이고 있다.

덕춘의 시선을 회피하는 듯 앞만 보고 있는 해원맥.

성주　　이승 사는 인간들이나 저승 사는 귀신들이나…
　　　　　필요한 만큼 현명하고, 주어진 만큼 반응하면 되는데 말
　　　　　이지. 자꾸 진실이 뭐냐고 물어보면…

벌떡 일어나는 해원맥, 뒤도 돌아보지 않고 문을 열고 나가 버린다.
문이 힘껏 닫히는 순간 '꽝!!!'

51. EXT. 한빙협곡(불의지옥). 낮

눈보라가 몰아치는 한빙협곡의 크레바스 속을 걷고 있는 강림과
수홍.

CUT TO:

수홍, 양쪽 얼음 벽면에 고통스러운 표정으로 냉동되어 갇혀 있는
망자들을 보고 표정이 굳어진다.

강림　　자… 드디어 불의의 지옥
　　　　여기서부터 난 너의 억울한 죽음의 비밀에 대해서 재판
　　　　을 통해 집중적으로 조명할 거야.

수홍　　집중조명은 무슨… 그래서, 아버지 전사하시고, 그다음
　　　　에 오랑캐 동생한테 우리 강 차사가 왜 억울하게 죽었는
　　　　지를 집중조명을 해 줘야지.

강림　　지금부터 김수홍!
　　　　네가 왜 귀인인지…
　　　　네가 얼마나 억울한 죽음을 당했는지 내가 말해 줄게.

무슨 소리 하냐는 표정으로 강림을 쳐다보는 수홍.

강림　　넌 단순 과실치사가 아닌 의도적인 살해를 당했다.
　　　　그것도 네가 철석같이 믿고 있었던 너의 동료들로부
　　　　터…

무슨 소리인지 믿지 않는 표정의 수홍.

52. EXT. 현동의 집 마당. 낮

툇마루에 앉아 현동에게 한글 공부를 가르치고 있는 허춘삼, 기력

이 없는지 기둥에 몸을 기대어 본다.

허춘삼　이제 아주 잘하네! 아이고…

현동　응? 할아버지 왜 그래? 또 죽는단 소리 할라 그러지?

허춘삼　(미소 지으며) 아니여… 인석아… 우리 현동이 다음 주에
　　　　입학이지?

밝게 웃으며 고개를 끄덕이는 현동.

현동　　응!

허춘삼　(머리 쓰다듬으며) 공부혀~

현동　　(따라하며) 공부혀~

방문을 열고 덕춘과 정장 차림의 성주가 나온다.

마당에서 기다리던 해원맥, 미소를 지으며 덕춘을 맞이하지만 시선
을 피하고 나가버린다. 뒤따라 나가는 해원맥.

허춘삼　성주. 은행 간다구?

성주　　네, 어르신… 다녀오겠습니다.

성주, 허춘삼에게 목례를 하고 길을 나서는데,

허춘삼	성주야…
성주	네… 어르신…
허춘삼	우리 펀드… 오르는 거지?
성주	그럼요… 많이 기다리셨어요.
허춘삼	응… 반드시 올라야 한다…

성주, 서둘러 목례를 하고 도망치듯 대문을 빠져나간다.

53. EXT. 조양구 연리동 마을 내리막길. 낮

앞서가는 덕춘의 뒤를 따르는 해원맥.

해원맥	야!
덕춘	(앞만 보며) 네. 월직차사 이덕춘.
해원맥	얘기 좀 하지?

해원맥, 달려가 덕춘 앞에 선다.

해원맥	야! 너… 여진족 이덕춘이야? 아님 월직차사 이덕춘이야?

고개를 떨구는 덕춘.

해원맥   잘 생각해! 난 니 생명의 은인이라고! 이 멍충아!

덕춘   자기 부모를 살해한 사람을…

         (고개를 들어) 은인이라고 불러요?

해원맥   천 년 전 일이라고!!

덕춘   그 여진족 이덕춘에게 용서를 구하지 않으셨잖아요…

         (눈물이 고여 간다) 저승형법 1조 3항. 용서받지 못한 죄

         인…

성주   (V.O.) 야! 야! 그만! 그만!!

골목 위쪽으로 고개를 돌리는 해원맥과 덕춘. 락카를 이용해 축대
벽에 무엇인가를 그리고 있는 성주.

CUT TO:

성주에게 다가오는 해원맥과 덕춘.

성주   일로 와 봐! 그 끝을 그렇게 알고 싶냐?

         (벽화를 가리키며) 끝까지… 니들이 자초한 거다. 응?

벽을 바라보는 해원맥과 덕춘.

성주	지금 법원에 가는 거잖아. 우리가 뭐 하러 가는 거지?
해원맥	…당신… 후견인 만들러…
성주	진정한 후견인은… 천 년 전 바로 너였어.

CUT TO:

카메라가 화각을 넓히면 높은 축대 전체에 벽화가 그려져 있다. 벽화의 그림은 모닥불 앞 아이들과 함께 있는 해원맥의 모습이다. 카메라가 서서히 접근하자 그림 속 인물들이 움직이기 시작한다.

DISSOLVE TO:

54. EXT. 천 년 전 북방 개울가. 낮. 몽타주 시작

개울가에서 통발을 들어 올리는 털보. 작지만 많은 물고기가 들어 있는 통발. 손뼉을 치며 즐거워하는 아이들과 덕춘의 모습과 이를 바라보는 해원맥.

털보	(통발을 들어 올리며) 잡았다!

CUT TO:

털보와 수하들도 싫지 않은지 함께 통발을 놓으며 아이들과 어울린다.
물고기 꼬치를 먹는 아이들. 털보와 수하들과 어울리며 즐거운 시간을 보낸다.

즐거워하는 덕춘을 물끄러미 바라보는 해원맥.

성주   (V.O.) 덕춘의 부모를 죽였다는 죄책감에 해원맥, 넌 마음이 무척 괴로웠지…

DISSOLVE TO:

55. INT. 천 년 전 북방 병영 막사. 낮

자신의 하얀 삵의 목도리를 어루만지는 해원맥.

성주   (V.O.) 어찌 보면, 용서를 구할 마음이 없었던 게 아니라…
용서를 구할 용기가 없었던 거야…

CUT TO:

56. INT. 가정 법원. 낮 – 몽타주

재판을 기다리는 해원맥과 덕춘, 성주는 옆에서 앉아 무엇인가 열심히 그리고 있다.

판사   다음은 사건번호 2017 드단 256번 당사자 허성주 씨. 나오세요.

CUT TO:

메모장에 무엇인가를 그리고 있었던 성주, 자신의 이름이 호명되자 메모장을 해원맥에게 건네준다.

판사   사건 본인 허현동의 후견인 선임 청구에 대한 심사를 시작하겠습니다. 앞에 나와 계신 분 허성주 씨 맞으시죠?

성주   네…

CUT TO:

그림은 전방을 향해 활을 맞잡고 있는 해원맥과 덕춘의 천 년 전 모습이다. 해원맥, 촤르르 플립북처럼 메모장을 넘기면 그림들이 움직이며 실사로 변한다.

DISSOLVE TO:

57. EXT. 천 년 전 북방 설원. 낮 - 몽타주

해원맥의 도움을 받아 덕춘, 힘껏 활시위를 당기고 있다.

성주   (V.O.) 넌 곧, 네 죗값을 치르기 위해 할 수 있는 일이 한정
되어 있다는 것을 깨닫게 돼…

해원맥 숨을 멈추고… 지금이다…

CUT TO:

화살이 발사되고, 그 화살은 눈밭에 홀로 있던 큰 사슴의 목을 관통
한다.

CUT TO:

반색하는 해원맥과 기쁨에 겨운 덕춘, 동시에 숲속에 숨어 있던 아
이들과 해원맥의 수하들까지 뛰어나와 축제와 같은 분위기가 되는
사냥 현장.

성주   (V.O.) 결국, 네가 할 수 있는 건 덕춘이와 고아들의 진정한 후견인이 되어 주는 것밖에 없었지.

CUT TO:

58. INT. 가정 법원. 낮

재판이 종료됨을 알리는 판사의 말에 정신을 차리는 해원맥과 덕춘…

판사   이것으로써 허성주 씨의 후견인 청구를 승인합니다.

판사봉 소리가 '탕 탕 탕' 울린다.

CUT TO:

59. EXT. 천 년 전 북방 오두막. 낮 – 몽타주

해원맥과 수하들의 지도에 따라 여진족 아이들이 자기 몸보다 큰 활을 힘겹게 잡고 허수아비 과녁을 맞히는 훈련을 받고 있다. 제대로 맞출 리가 없다.

성주　　(V.O.) 아이들을 계속 돌봐줄 수 없다는 것을 알고 있던 너는 그들이 아무 도움 없이도 자립할 수 있도록.

CUT TO:

60. INT. 천 년 전 북방 오두막. 밤 ─ 몽타주

모닥불을 앞 아이들을 돌보고 있는 해원맥의 모습.

성주　　(V.O.) 많은 것을 알려주고자 했어.

CUT TO:

61. INT. 가정 법원 복도. 낮

계단을 걸어 내려오는 성주와 해원맥, 덕춘.

성주　　　　물론 오랑캐 애들에겐 천사 같은 너였지만…
　　　　　　어찌 보면 나라에는 불의를 한 꼴이지.
　　　　　　그만큼 북방 경계에 소홀해졌으니까 말이야.

FLASH BACK:

천 년 전 눈보라 치는 북방 설원.

오열하는 해원맥의 부하 장수 털보, 눈으로 덮인 누군가의 봉긋한 무덤 위에 엎드려 울고 있다.

털보　　　　(오열하며) 미안하다… 고향 땅도 못 밟아 보고…
성주　　　　(V.O.) 오랜 전쟁과 혹한의 추위에 너의 부하들도 하나둘
　　　　　　씩 죽어 나가고…

CUT TO:

카메라가 부감으로 훨씬 빠져 보면 눈보라가 휘몰아치는 눈밭에 검으로 이루어진 수많은 무덤이 보인다.

성주　　　　(V.O.) 너 역시 지쳐갔지만…

CUT TO:

병영 곡창에서 군량미를 빼내 말 에다 신고 있는 수하들의 모습, 막사에 있는 해원맥을 지켜보는 털보의 표정이 심란하다.

성주   (V.O.) 넌 아이들을 돕는 일을 멈출 수가 없었던 거야…

CUT TO:

병영 막사에 앉아 거짓 장계를 쓰고 있는 해원맥의 모습.

성주   (V.O.) 그나마 얼마 남지 않았던 군량미는 계속해서 아이들을 위해 빼돌릴 수밖에 없었고…
그러자니 네 상관인 밀언에게는 계속해서 거짓 장계를 썼어야만 했었지…

CUT TO:

아이들이 있는 오두막에 군량미를 옮겨다 주는 해원맥과 수하들.

성주   (V.O.) 오랑캐 아이들에게는 한없이 정의로운 기부천사.
하지만 나라에는 불의를 저지른 대역죄인…

CUT TO:

아이들이 자는 오두막 안의 풍경. 마치 아이들의 아버지처럼 그 모습을 지켜보는 해원맥.

CUT TO:

62. INT. 가정 법원 복도. 낮

빠르게 복도를 걸어 나오는 성주와 해원맥, 덕춘.

성주   요새도 의롭지 못한 놈들 심판한다는 불의의 지옥 있나?

덕춘   죄인들이 포화상태라 휴정 중이긴 한데, 가끔 공소시효
　　　　자로 올라오는 흉악범들이 있으면 열리긴 해요.

SMASH CUT TO:

살인

63. INT. 불의지옥. 밤

얼음 블록에 가둬진 망자들이 빼곡한 불의지옥의 살벌한 풍경. 수홍 그 광경을 보며 입을 다물지 못한다.

성주   (V.O.) 아직도 형벌로 죄인들 얼음 땡 시켜가지고 몇십 년씩 가둬 놓지?
아~ 정말 끔찍한 지옥이야~

온통 얼음과 한기로 둘러사인 불의 재판장으로 들어온 강림과 수홍. 대기하고 있던 판관들과 변호인석으로 이동하는 강림 사이에 눈싸움이 치열하다.

CUT TO:

판관들, 기력이 쇠해 보이는 오관대왕(70대. 남)이 입장하자 기립하여 예를 갖춘다.

오관대왕 강림이 오랜만이다… 시작해…

판관1 (수홍에게 다가가며) 피고! 김수홍은 과실치사이자, 단순 사고사였던 자신의 죽음을 받아들이지 못하고, 원귀가 되어 군부대 난동을 일으키고 저승을 어지럽힌 보기 드문 중죄인입니다.

이에 본 판관은 불의를 저지른 피고 김수홍에게 빙청옥 결형 오백 년을 구형하는 바입니다.

수홍 하… 오백 년? 으응…

판관1 이 쉐끼가…

강림 피고 김수홍은 억울하게 살해를 당했습니다. 그 억울한 죽음이 그가 원귀가 된 이유였다면 본 재판의 기소 자체 또한 불의스럽다라는 점을 제청합니다.

오관대왕 증거는 있느냐?

(비트) 업경을 틀어봐라…

판관2 본 사건의 모든 이승 기록은 피고가 원귀가 됨과 동시에 명부와 함께 규정대로 사라졌습니다.

오관대왕 (난감한 듯) 흠… 이거 어쩌지?

(강림에게) 이, 억울하게 죽은 걸 뭘로 증명할 건데?

강림 김수홍 살해 사건에 직접 가담한 이승의 가해자를 증인으로 소환해 주시길 요청합니다.

뜨악하는 표정의 판관들. 수홍, 날카롭게 강림을 노려본다.

오관대왕　이승에서 증인을 올리자고?

　　　　　(잠시 생각하다) 그게 누군데?

의미심장한 강림의 얼굴에서,

CUT TO:

64. EXT. 조양구 연리동 마을. 낮

연리동 산마을을 배경으로 집으로 향해 올라가는 성주와 차사들.

CUT TO:

해원맥　현동이 입양은… 영어권이 베스트긴 한데

　　　　　(덕춘에게) 사실 뭐… 북한만 아니면 다 땡큐 아니냐?

성주　　그래, 맞다. 어딘들 이 나라보다 못하겠니?

　　　　　(차사들을 한번 보고) 이 나란 정직하고 신념 있게 살면 바

　　　　　로 서울역 가서 신문지로 이불 덮어야 돼.

　　　　　여기가 지옥이지, 사람 살 데냐? 그리고 늘 배고프고, 늘

　　　　　바보처럼 살아라?

　　　　　마이클 잡스… 그 새끼도 참.

덕춘   스티브… 스티브 잡스입니다.

성주   배고프고 바보처럼 살면 거지지. 그게?…
        어서 말도 안 되는 말을 지껄이고… 앉았어?
        이미 다 잘 처먹고 잘 사는 놈들 말은 절대로 믿음 안 돼.
        다 지네들 가진 거 안 놓치려고 개소리들 하는 거야.

생각이 깊어지는 해원맥과 덕춘의 표정.

성주   자… 내가 왜 영감 꼬셔서 현동이 앞으로 주식이랑 펀드
        들어 놨는지… 이제 뭐, 이제 알겠지?

덕춘   네! 꼭 올랐으면 합니다, 성주신 님.
        또 올라야만 하구요!

성주   응 그래

해원맥이 한심한 표정으로 성주와 덕춘을 쳐다보는 그 순간, 봉고
차 두 대가 쏜살같이 지나쳐 간다. 해원맥의 시야에 다리에 깁스를
하고 있는 사람들이 보인다.
봉고차 안의 철거반이 해원맥을 알아보고 다급해 한다.

철거반   빨리 가! 빨리 가!
        빨리! 빨리!
        도망가!! 빨리 밟으라고!!

해원맥   철거반…!!

CUT TO:

65. EXT. 현동의 집 마당. 낮

대문을 급히 열어젖히고 들어오는 성주와 차사들의 시야에 철거
용역들의 급습으로 폐허에 가깝게 부서진 현동의 집 풍경이 들어
온다.

CUT TO:

마당 한쪽에서 쓰러져 있는 허춘삼과 울고 있는 현동이.

현동   (울먹이며) 할아버지… 할아버지…

할아버지 일어나… 삼촌… 삼촌…

덕춘   (뛰어가) 할아버지! 할아버지!

울고 있는 현동에게 덕춘이 달려간다.
그 순간, 풀썩 힘없이 땅바닥으로 쓰러지는 성주. 영문을 모르는 해
원맥, 쓰러진 성주신을 부축해 안는다.

해원맥   성주!! 이봐!! 왜 이래??

성주   성주단지…

해원맥   (문득 떠올라, 주변을 바라보며) 성주단지?!

쓰러진 성주가 장독대 쪽을 가리킨다.

CUT TO:

그렇게 찾아 헤맸던 성주단지가 장독대 항아리들 틈에 깨진 채 널
브러져 있다.

CUT TO:

66. INT. 병원 중환자실. 낮

INSERT TO:

원 일병이 입원 중인 국군 수도 병원의 외경이 보인다.
누워 있는 원 일병, 얼굴이 불규칙하게 떨리기 시작한다.

CUT TO:

67. INT. 불의지옥. 밤

증인석에 나타난 환자복 차림의 원 일병, 고개를 숙인 채 아무 말이 없다.

CUT TO:

오관대왕, 강림에게 모래시계를 뒤집어 보여준다.

오관대왕 시간 엄수하거라.

CUT TO:

수홍   (표정이 밝아지며) 동연아!! 원동연!!

고개를 드는 원 일병, 피고석에 위치한 밝은 표정의 수홍을 본다.

원 일병 어!! 김…병…장…님…?
수홍   (웃으며) 그래, 인마! 잘 있었어?!

CUT TO:

강림, 날카롭게 원 일병과 수홍 사이에 흐르는 관계를 살펴본다.

원 일병   이거 꿈이죠?

수홍   응.

원 일병   꿈에서… 뵙네요…

원 일병, 갑자기 웃기 시작한다.

강림   원동연 일병, 앞에 서 있는 저 사람…?

원 일병의 갑작스러운 노래 시작에 의아한 듯 바라보는 오관대왕과
판관들.

원 일병   가슴팍에~ 무엇인가, 노란 배지 달더니~ 선…

강림   앞에 서 있는 저 사람은… 당신의 선임이었던 김수홍 병
         장입니다. 맞습니까?

수홍을 보고 배시시 웃던 원 일병, 강림의 질문에 고개를 돌린다.

원 일병   (미소를 지으며) 네… 우리… 병장님… 맞으세요.

오관대왕   근데 쟨 전반적으로… 좀… 모자른 애니?

판관1   (서류를 살피며) 아! 예… 관심사병이라고…
         PX같은데 자주 데려가고, 그리고 지속적으로 다가 보호
         를 해주면서, 잘한다… 잘한다…
         무차별적으로다가 칭찬을 해 줘야 되는…

오관대왕   관심사병…?

강림   원동연 일병. 4월 30일 밤 초소에서 함께 근무하다가 총
         기 오발 사고 난 거 기억하시죠?

원 일병, 강림의 질문에 표정이 일그러지기 시작한다.

원 일병   네…

SMASH CUT TO:

경계 초소, 총기 오발 사고의 순간,

CUT TO:

원 일병   그날… 총이 나가버렸어요…

강림   맞습니다, 원동연 일병은 죄가 없습니다.
         고의로 그런 게 절대 아니니까. 그렇죠?

자신을 이해해 주는 것 같은 강림의 말에 다시 미소가 돌기 시작하
는 원 일병.

원 일병   네…

강림   그래요. 그러고 나서, 사건 당일 날 밤. 부대 뒤 야산에

서…

SMASH CUT TO:

수홍의 암매장 순간,

SMASH CUT TO:

울고 있는 원 일병을 구타하는 박 중위.

CUT TO:

강림   증인은… 김수홍 병장을 산 채로 묻었습니다. 맞습니까?

다시 표정이 바뀌는 수홍.

판관2   (놀라서) 아니, 산채로? 살아있는데?
수홍   아니, 강 차사. 지금 뭐라는 거야?
강림   제 말이 맞습니까? 대답하세요. 증인.
원 일병   아니요. 이미 죽었어요…
수홍   그래 넌 그렇게 알고 있었잖아. 그지?

SMASH CUT TO:

원 일병을 다그치는 박 중위.

CUT TO:

원 일병   네… 난… 시키는 대로 했어요…

강림   아니요! 원동연 일병은 김수홍 병장을 묻을 때 그가 살
          아있었음을 알고 있었습니다.

SMASH CUT TO:

암매장 중인 박 중위와 원 일병을 뒤에서 지켜보는 강림.

강림   (V.O.) 그래서 두 사람은 시체 유기를 멈추고 숨이 붙어
          꿈틀대는 김수홍 병장의 손을 한참 동안을 바라봤습
          니다.

CUT TO:

강림   아닙니까?

SMASH CUT TO:

병원 중환자실,

원 일병, 숨이 막히는지 몸부림을 치기 시작한다.

수홍   (V.O.) 강 차사!! 그게 무슨 말 같지도 않은 소리야!!

CUT TO:

당황할 때의 모습처럼 고개를 미친 듯이 끄덕이기 시작하는 원 일
병의 모습.

판관1   대왕님!
           차사는 지금 위증을 강요하고 있습니다.
           심신 미약 상태인 증인이 위험해질 수 있습니다.
오관대왕   (모래시계를 들어 보이며) 차사 강림은 시간이 얼마 남지 않
           았다.

강림, 모래시계가 반쯤 남아 있음을 확인한다.

원 일병   (안절부절못하며) 이거… 꿈이잖아. 왜 이렇게… 생생
           해…
강림   그래! 꿈이야! 그러니까 당신 꿈에서만큼은 솔직하게 말
           할 수 있는 거잖아! 한마디만 하면 돼. 솔직하게!
           (비트) 원동연 일병! 김수홍 병장을 암매장할 때 그가 아
           직 살아 움직이는 것을 봤습니까? 못 봤습니까?

강림의 질문에 갑자기 눈물을 흘리기 시작하는 원 일병.

수홍   야! 동연아! 원동연!

SMASH CUT TO:

수홍의 기타반주에 맞춰 노래를 부르던 원 일병의 모습. (고속)

SMASH CUT TO:

수홍   (차분하게) 못 봤다 그래~ 못 봤잖아!
            아니잖아! 그지? 아니잖아~
            아니라고 말해~

SMASH CUT TO:

행군 중, 쓰러진 원 일병을 일으켜 주던 수홍의 모습. (고속)

SMASH CUT TO:

암매장하던 원 일병이 무언가를 놀라는 모습. (고속)

CUT TO:

원 일병   (수홍을 바라보며) 지나간 슬픔에… 다시는… 다시는…
새로운 눈물을 흘리지 않아야… 합니다…

수홍   야! 여기서 그 얘기를 왜 하는 거야 지금.
아니 이 자리에서! 그… 갑자기… 왜… 야 너 일로 와
봐…

수홍, 애써 부정해온 것이 사실로 굳어져 가자 믿지 못하겠다는 듯
증인석으로 뛰어나간다.

강림   김수홍!! 그만!!

달려오는 수홍을 보고 법봉을 내려치는 오관대왕.

증인석으로 달려가던 수홍의 머리 위로 투명한 감옥이 떨어져 그를
가둬 버린다. 유리 감옥 안에 물줄기가 폭포수처럼 쏟아지며 빠르
게 차오르기 시작한다.

판관1   어우 깜짝이야…

SMASH CUT TO:

원 일병의 시선을 따라가던 박 중위, 무엇인가 발견하고 소스라치
게 놀란다.

박 중위   너 왜 그래… 어… 어!?

CUT TO:

수홍을 보는 원 일병, 자신의 목에 손을 갖다 대더니 숨이 막히는지
컥컥대기 시작한다.

수홍   (원 일병을 노려보며 유리벽을 친다) 야 너 왜 그래!!!
        너 도대체 무슨 소릴 하는 거야 지금??
        너! 너! 알고 물었어? 아니잖아!
        알고 물은 거 아니잖아! 야 너 왜 그래! 진짜!
        어? 저 미친놈이 네가 나 죽였대잖아!! 지금!
        빨리 아니라고 말해!
원 일병   (숨이 막혀) 김병장님… 잘못했어요…

SMASH CUT TO:

암매장을 하던 원 일병이 울음을 터뜨린다.

SMASH CUT TO:

병원 중환자실,
고통스러움에 격렬하게 몸을 흔드는 원 일병. 응급실에 들이닥치는

의사들과 간호사들.

수홍   (V.O.) 뭘!! 뭘 잘못해 임마!!

CUT TO:

수홍   (유리벽을 치며) 빨리 아니라고 말하라고!!!

숨이 막혀 괴로워하는 원 일병.

SMASH CUT TO:

병원 중환자실,
눈이 풀려버린 원 일병. 의식을 잃어가고 있다.

CUT TO:

판관2   대왕님!
          저러다 증인이 가위에 눌릴 수도 있습니다.
강림   (다급하게) 대왕님! 증인을 깨워주십시오! 증인이 위험합
          니다!!
수홍   (유리벽을 치며, 원 일병에게) 동연아! 정신 차려 이 새끼야!
오관대왕   음… 이것도 저놈의 운명이야…

원 일병, 빠르게 물이 채워지는 유리 감옥 안에서 자신을 종용하는 수홍의 모습에 숨이 더욱더 가빠진다. 난장판이 되는 불의지옥의 재판장 분위기.

유리 감옥 안에 물이 가득 차고, 숨이 끝까지 차오르는 원 일병.

원 일병   김병장님… 용서해…

목을 부여잡고 있었던 원 일병이 순식간에 사라진다.

SMASH CUT TO:

병원 중환자실,
심정지 신호와 함께 의사와 간호사들, 심폐소생술을 해보지만 이미 늦었다.

CUT TO:

의사들의 소용없는 처치에 몸이 거칠게 요동치는 원 일병, 아무 반응이 없지만 그제야 그의 표정이 편안해 보인다.

CUT TO:

판관1   대왕님 증인이 사망해서 김수홍 재판에 살인… 살인…
          재판이 추가됐습니다…

강림, 멍하니 물이 가득 찬 감옥 안에서 발버둥 치는 수홍을 바라
본다.

CUT TO:

68. EXT. 현동의 집 툇마루. 저녁(노을)

돼지표 본드를 이용해 깨진 성주단지를 이어 붙여 보고 있는 덕춘.

CUT TO:

툇마루 기둥에 기대어 덕춘을 바라보고 있는 기력을 잃은 성주신과
해원맥.

성주   (덕춘을 바라보며) 쟨 참~ 뇌 구조가… 어쩜 저렇게 청순
          하니?
해원맥   어떻게… 미치지 않고서야 어떻게 성주단지를 장독대에
          다 넣어놔?

성주   가장 잘 숨기는 방법은… 안 숨기는 거야.
     중요한 단서는 쓰레기통 옆에 두는 거라구…

그걸 말이라고 지껄이냐는 표정의 허탈한 해원맥.

성주   현동이 좀 잘 부탁한다… 한글도 마저 가르쳐 주고…
덕춘   (성주단지를 애써 붙여 가며) 절대로요… 절대 소멸되지 않
     으실 거니까…
     그런 말씀 그만하셨으면 해요.
     아. 그리고, 뭘 걱정하세요?
     현동이는 들어 놓은 펀드랑…
성주   (말 자르며) 그 펀드… 안 올라. 절대로. 알겠어? 안 올
     라… 절대…
     (허망하게 미소 지으며) 완전히 끝났다고 봐도 돼. 좀 더 디
     테일하게 말하자면…
     이젠 원 달러 환율… 회복 자체가 불가능한 수준이 됐어.
     냄새 맡은 기관 놈들의 공매도가 더 절망적이지…
해원맥 (기가 차서) 공매도…?
성주   그래서 그래… 미안해… 미안하다…네 말대로… 아파
     트 하나만 사놓을걸.
     (울먹이여) 차라리 비트코인을 했었어야 되는데…

성주의 폭탄 고백에 어이가 없는지 해원맥과 덕춘이 그를 돌아본다.

CUT TO:

69. INT. 불의지옥. 밤

강림, 허무한 표정으로 수홍을 가둬 놓은 얼음 감옥을 바라보고 있다. 이전과 달리 물속에서 불규칙하게 몸부림을 치고 있는 수홍의 모습.

CUT TO:

그런 수홍을 물끄러미 바라보고 있는 오관대왕.

판관2   대왕님! 고민스러우실 땐…
          일단 먼저 형을 집행하신 후에, 고민하시는 것도 방법이
          라고 듣고 배웠습니다.

판관1 눈치를 주지만 아랑곳하지 않는 판관2.

판관2   (미소를 지으며 확신에 찬 표정으로) 바로 한번 얼려보시지
          요… 오마!!

오관대왕, 법봉을 들어 판관2를 얼려버린다.

오관대왕 (느닷없이, 판관2에게) 쟤는 무슨 이런 상황에서… 카타
르시스를 느끼나 봐? 사람이 죽었는데…? 변태 같은 시
끼…

고개를 설레설레 흔들며 다시 얼음 감옥 속 수홍을 바라보는 오관
대왕.

강림 대왕님… 모든 죽음은 불가피한 것이어야지, 억울한 죽
음이어서는 안 된다고 듣고 배웠습니다…
아직 밝혀지지 않았습니다.
귀인일지도 모르는 억울한 망자 김수홍에게 기회를 주
십시오.

고개를 끄덕이는 오관대왕, 자리에서 일어난다.

오관대왕 강림이 말이 맞어… 맞고 말고…
증인이 재판 도중에 사망해 버려서, 증언이 확보되지 않
은 거니까… 다음 재판장에서 다퉈~
판관1 (얼어버린 판관1을 가리키며) 얘는?
오관대왕 (귀왕대에게) 풀어줘라! 난 들어가 잠이나 잘란다.

오관대왕의 말이 떨어지기가 무섭게 터져 버리는 얼음 감옥. 수홍, 감옥에서 튕겨져 나와 바닥에 나뒹군다.

수홍   (강림을 바라보며) 원동연 네가 죽인 거야…

자신의 앞에 서 있는 강림을 죽일 듯이 노려보는 수홍에서,

CUT TO:

70. EXT. 현동의 집 툇마루. 저녁(노을)

덕춘, 본드로 붙여 놓은 성주단지를 조심스럽게 성주에게 가져온다. 툇마루에 성주단지를 놓는 순간, 바로 맥없이 허물어져 버리는 성주단지.

해원맥   (고개를 떨구며) 철거반 새끼들… 어떻게 딱 한 번 집을 비운 그 순간에.

깨진 성주단지처럼 힘없이 읊조리는 성주신.

성주   원래 마누라와 싸운 날 장모 오는 거야…

(생각을 더듬으며, 옅은 미소) 그날도 오늘처럼 예고 없이
찾아왔었지…

해원맥, 천천히 고개를 돌려 기력 없는 성주를 바라본다.

성주   천 년 전에… 너의 상관이었던… 밀언 말이야.

DISSOLVE TO:

진실

71. EXT. 천 년 전 북방 설원. 저녁(노을)

INSERT TO:

광활한 북방을 말을 타고 질주하는 친위대의 위용, 마스크처럼 얼굴을 가리고 있는 투구 때문에 얼굴을 분간할 수 없다.

성주   (V.O.) 네가 군량미를 빼돌린다는 사실을 알게 된 밀언은
             자신의 친위대를 이끌고 너의 국경 수비대를 급습했었
             던 거지…

CUT TO:

천 년 전, 군량미 창고 앞,
창고의 문을 열어젖히는 친위대, 비어 있는 창고를 확인한다.

CUT TO:

병영 앞 공터, 친위대에 둘러싸여 앉아 있는 밀언 앞에 압송되어 온 해원맥, 무릎 꿇려진다.

CUT TO:

해원맥의 시야에 밀언에게 말을 전해 듣는 친위대장이 보인다.

친위대장 네놈이 오랑캐에게 갖다 바친 군량미들은 우리 고려 백
성들의 피와 같다. 오늘 그 없어진 쌀알의 개수만큼 너의
뼈가 부러질 것이다.

해원맥 (대좌에 앉아 있는 밀언을 보며) 내 뼈를 부러뜨리고 살을 태
워도 그 오랑캐들이 어디 있는지는 아실 수 없을 겁니다.

친위대, 해원맥의 옆으로 고문을 당한 듯 유혈이 낭자한 털보를 던
져 놓는다. 쓰러진 털보를 바라보는 해원맥, 말할 힘도 없는 털보가
고개를 가로젓는다.

털보 죄송합니다 대장…

털보의 반응과 함께 고개를 떨구는 해원맥.

친위대장 (고개를 들어 친위대에게) 날이 밝는 대로 친위대는 오랑캐
의 본거지를 소탕한다!

(해원맥을 보며) 나라를 배신하고 백성들을 능욕한 해원맥을 버러지 같은 저 수하 놈과 함께 묶어서 짐승 밥이 되도록 해라!

현동   (V.O.) 밀언 나쁜 놈!!

CUT TO:

72. INT. 현동의 집 툇마루. 저녁(노을)

현동   진짜 나쁜 놈!!

현동, 옛날이야기에 화가 치미는지 자모음을 분리해 밀언이라고 적어 놓은 연습장을 내팽개친다. 연습장의 단어를 물끄러미 바라보는 해원맥의 손을 잡아주는 덕춘.

해원맥   (허탈하게) 그래서… 난 늑대 밥이 되어서 죽은 거야?

반응을 구하는 먹먹한 해원맥의 얼굴을 바라보는 성주의 얼굴에서,

DISSOLVE TO:

73. EXT. 천 년 전 북방 설원. 밤

INSERT TO:

혹한의 설원에 서로 등을 마주 댄 채 묶여 죽음을 기다리고 있는 해원맥과 털보.

CUT TO:

그들의 주위로 으르렁거리며 하나둘씩 나타나는 설원의 늑대들.

해원맥   털보야… 정신차려. 정신 차려야된다… 털보야.

늑대들의 맹공이 시작된다.

해원맥   털보야! 털보야!!

서로 묶여서 꼼짝도 못 하는 해원맥과 털보에게 사정없이 달려드는 맹렬한 늑대들… 사투를 벌이는 해원맥과 털보.

CUT TO:

74. EXT. 폭력지옥. 낮

수홍, 눈이 벌게진 상태로 주저앉아 고개를 떨구고 있다. 강림, 그런 수홍을 미동 없이 바라본다.

판관1	대왕님! 본 재판에 앞서 진행됐던 불의의 재판장에서 강림 차사의 무리한 재판 진행으로 인해 이승의 애꿎은 증인 하나가 사망하는 불상사까지 있었습니다…
	이런 식으로 계속해서 재판이 진행된다면!
강림	대왕님! 다음 살인 재판까지 판결을 유보해 주시기 바랍니다.
	진광대왕 유보? 강림이 니… 그게 무슨 뜻인지 아나?
강림	마지막 재판까지 피고의 억울함을 입증하지 못 한다면. 저 또한 차사직을 박탈당하는 것입니다.
판관1	안 됩니다. 대왕님. 차사가 더 이상 저승을 기만하지 못하도록!
강림	(말 자르며) 환생도 포기하겠습니다.
진광대왕	환생 같은 소리 하고 있네! 쟤는 그땐 영겁의 지옥이야.
강림	제 환생을 포기하겠다고 말씀드리는 겁니다.
진광대왕	천 년 동안 마흔여덟 명을 구한 걸 다 내놓겠다 그 말이가??
강림	네…
진광대왕	마… 조건은?

강림   증인으로 박무신 증인을 살인재판장으로 소환해 주십시오…

박무신 증인을 소환해달라는 강림의 요청에 놀라는 판관1, 2.

강림   그리고, 한 명 더… 저승을 관장하시는… 염라대왕님을…

박무신에 이어, 염라대왕의 증인 요청에 기겁하는 판관1, 2.

강림   염라대왕님을 김수홍 재판의 마지막 증인으로 요청하는 바입니다.

그제야 고개를 드는 수홍, 승부수를 던져 버린 강림을 응시한다.

CUT TO:

75. EXT. 천 년 전 북방 설원(플래쉬 백). 밤

시간이 경과한 듯,
하얀 설원에 널브러져 있는 늑대 서너 마리의 사체와 함께 피투성이 해원맥이 힘겹게 눈을 뜬다.

해원맥   털보야… 털보야…

털보는 말이 없다. 털보의 죽음을 슬퍼하는 해원맥.
힘겹게 일어난 해원맥이 털보를 줄로 묶고 있다.

DISSOLVE TO:

76. EXT. 천 년 전 설원 평야. 밤

해원맥, 털보의 사체를 매달고 눈 덮인 평야를 한 걸음씩 힘겹게 내
디디고 있다.

CUT TO:

눈밭에 넘어지고, 미끄러지는 해원맥의 모습, 그럴 때마다 다시 일
어나는 해원맥, 이를 악물고 사력을 다해 자신의 길을 계속 걸어
간다.

DISSOLVE TO:

77. 천 년 전 북방 오두막. 낮

여명이 밝아 오는 오두막 앞 공터, 놀고 있던 아이 중 하나가 기진맥진한 상태로 막 당도한 해원맥을 보고 울음을 터트린다.

CUT TO:

만신창이 해원맥, 거친 숨을 토해내며 한쪽 무릎을 꿇는다. 해원맥의 모습에 놀란 덕춘과 아이들이 돕기 위해 달려간다.

해원맥   지금부터 내 말을 잘 들거라.
성주   (V.O.) 마지막 죽을힘을 다해 이십 리 눈길을 그렇게 달려온 너는… 아이들을 먼저 피신시키고, 그곳에서 혼자 친위대의 추격을 조금이나마 늦춰 보려고 한 거지…

CUT TO:

말을 타고 달려오는 친위대의 모습,

CUT TO:

덕춘의 지시에 따라 울먹이면서도 일사분란하게 자신들의 생필품을 챙기는 여진족 아이들, 피투성이 해원맥을 보면서 울먹이며 떠나길 주저한다.

덕춘　　(중국어) 빨리 빨리. 빨리 가! 언니는 곧 따라갈 거야! 빨
　　　　리 가!
　　　　快, 快
　　　　快走！姐姐馬上就来了！
　　　　(독음) 콰이, 콰이
　　　　콰이저우! 지에지에 마샹 찌우 라일러. 콰이저우!

CUT TO:

오두막에 가까워지는 친위대의 모습,

CUT TO:

털보의 무덤에 칼을 꽂아 주는 해원맥, 그만 힘을 잃었는지 털썩 주
저앉아 버린다. 그런 해원맥에게 달려오는 덕춘.

덕춘　　(눈물을 글썽이며) 이제… 어떡해요…

순간, 멀리서 대장군 밀언과 그의 친위대의 말발굽 소리가 들려온다.

CUT TO:

해원맥   (피를 한 움큼 뱉어내며) 떠나라. 어서.

덕춘   (놀라서, 울먹이며) 안 돼요… 안 돼요… 나 안 갈 거예요.

해원맥과 덕춘의 시야에 실루엣으로 나타나는 친위대의 모습,

CUT TO:

해원맥   당장 떠나라!
          어서 가서 아이들을 지켜주거라!
          아이들을… 어서!!

핏발이 선 해원맥의 강경하고 단호한 모습에 덕춘… 어쩔 수 없는
지 한 걸음씩 서서히 뒷걸음질을 치기 시작한다. 그러던 덕춘이 숲
속으로 고개를 돌리는 순간, 덕춘의 손을 잡아 돌려세우는 해원맥.

해원맥   잠깐만…

잠시 시선이 불안정해지더니 자신의 가슴 속에서 무엇인가를 꺼낸
다. 하얀 삶의 상징, 하얀 털목도리이다.

해원맥, 그 하얀 삶의 목도리를 덕춘의 목에 말없이 감아 준다. 이제
야 모든 것을 알게 된 덕춘, 그런 해원맥의 눈을 말없이 바라본다.
그 차디차고 강인한 해원맥의 눈에서 드디어 눈물이 흐른다.

해원맥   미안하다… 미안해…

덕춘, 곧 감정이 북받쳐 어린아이처럼 울며 해원맥을 끌어안는다.

CUT TO:

78. 현동의 집 방 안. 밤

성주   넌 그렇게… 그렇게… 용서를 빈 거지…

누워 있는 성주를 배경으로, 등을 돌리고 앉아 있는 해원맥과 덕춘.
해원맥의 눈에 눈물이 고여 있고, 그런 해원맥을 바라보고 있는 덕춘.

CUT TO:

79. 천 년 전 북방 설원. 낮

하얀 삵의 목도리를 두른 채 울면서 아이들에게 뛰어가는 덕춘.

CUT TO:

숲속을 향해 그렇게 멀어져 가는 덕춘을 바라보는 해원맥, 곧 고개를 돌려 말을 타고 달려오는 친위대 무리를 바라본다. 칼을 움켜잡고 앞으로 달려나가는 해원맥의 모습에서,

해원맥　　(V.O.) 그래서 그날…

CUT TO:

80. INT. 현동의 집 방 안. 새벽

해원맥　　밀언이 날… 날… 죽인 거야?
성주　　　밀언이 원망스러우냐?…

성주의 질문에 아무 대답이 없는 해원맥과 덕춘.

성주　　　이승 내려와서 이 집, 저 집 천 년 동안 가택신 노릇하면서 지켜보니까… 이놈의 인간들 더 모르겠더라… 근데… 한 가지 확실한 건 있더라.
　　　　　　(단정적인 어투로) 나쁜 인간은 없다는 거… 나쁜 상황이

있는 거지…

성주와 등을 지고 앉은 해원맥과 덕춘의 표정이 깊어진다.

성주   그러니 원망스럽고, 원통하고, 이해가 안 될 때…
          모든 걸 거꾸로 읽고, 거꾸로 생각해 봐.
          그럼 풀릴 거다. 이 인간들도… 세상도…
          이 우주도…

해원맥 (고개 돌리며) 그래서 밀언이 날 죽였냐구 묻잖아!! 응?

성주는 온데 간데 흔적이 없고, 그 자리에 압수당했던 허춘삼의 적
패지만이 남아 있다.

CUT TO:

81. 화탕영도(살인지옥). 밤

용암이 끓어오르는 화탕영도의 다리 위를 지나고 있는 강림과 수
홍. 멍하니 걷고 있는 수홍을 향해 치솟아 오른 용암이 덮쳐 오자 강
림이 사인검으로 막아낸다.

강림   지금부터 정신 똑바로 차려, 김수홍!

자신에게 집착하는 강림을 유심히 바라보는 수홍.

CUT TO:

82. 현동의 집 방 안. 아침

해원맥과 덕춘, 의식 없는 허춘삼에게 안겨 곤히 잠이 들어있는 현동을 바라본다.

덕춘   (적패지를 들어 올리며) 이름 부를까요?

무표정하게 허춘삼을 바라보는 해원맥.

덕춘   (눈물이 고여) 진짜… 이름.. 불러요?

해원맥, 망설이는 덕춘에게서 적패지를 빼앗아 든다.

해원맥   (입술을 깨물고는) 허! 춘! 삼!

놀란 덕춘이 해원맥을 바라본다. 소란스러운 분위기에 잠에서 깬 현동이 해원맥과 덕춘을 올려다본다.

덕춘   (현동이를 보며) 안 돼요!! 안 돼요!!
해원맥   (좀 더 소리를 높여) 허! 춘! 삼!

순간, 해원맥을 붙잡는 덕춘.

덕춘   안 돼요!! 안 돼요… 차사님… 제발… 차사님…
해원맥   허!!

해원맥이 덕춘을 가차 없이 뿌리친다. 갑자기 어수선해진 방 안 분위기에 자고 있던 현동이 깨어나 앉는다. 옥신각신하는 해원맥과 덕춘을 멍하니 바라보는 현동, 무서운지 다시 울먹거리기 시작한다.

현동   성주 삼촌… 어디 갔어…? 삼촌 어디 갔어… 삼촌!! 삼
            촌!!

성주의 덩그러니 남겨진 옷을 본 현동. 그 모습에 충격을 받아 성주를 찾으며 뛰쳐나간다.

덕춘   안 돼! 현동아!! 안 돼!! 안 돼!!

해원맥   허현동!!

해원맥이 쫓아가 보지만 이미 집을 나가버린 현동.

현동   (울먹이며) 삼촌… 성주 삼촌… 성주 삼촌!! 삼촌!! 성주
        삼촌!!

더욱 난감해진 상황에 고개를 떨구는 해원맥, 그러다 순간 발걸음
을 돌리는 해원맥. 현동이의 한글 연습장을 바라본다.

현동   (V.O.) 밀언 나쁜 놈! 진짜 나쁜 놈!
해원맥   (V.O.) 밀언이 날… 날… 죽인 거야?

SMASH CUT TO:

현동의 집 방 안.
소멸 직전 밀언에 대해 이야기하는 성주.

성주   밀언이 원망스러우냐?

CUT TO:

83. 화탕영도(살인지옥). 밤

굉음과 함께 화탕지옥귀들이 다리 위로 기어오르기 시작한다. 이를 본 강림이 사인검을 고쳐 잡으며 앞으로 달려나간다. 지옥귀들을 배어나기는 강림을 노려보는 수홍.

수홍   도대체 이렇게까지 하는 이유가 뭐야? 어?

수홍의 말을 무시한 채 계속 지옥귀들을 베는 강림.

수홍   왜 내 재판에 상관없는 염라까지 증인을 세우냐고??
            네 일에 왜 날 이용하냐고 이 새끼야!

그제야 뒤를 돌아 수홍을 바라보는 강림.

성주   (V.O.) 원망스럽고, 원통하고

SMASH CUT TO:

현동의 집, 마루.
현동의 한글 연습장을 응시하는 해원맥.

SMASH CUT TO:

현동의 집 방 안.
소멸 직전 밀언에 대해 이야기하는 성주.

성주   (V.O.) 이해가 안 될 때… 모든 걸 거꾸로 읽고, 거꾸로 생
         각해 봐.

CUT TO:

천 년 전 북방 설원 오두막 앞,
한쪽 팔을 잃은 해원맥, 말을 탄 채 자신의 주변을 돌고 있는 누군가
를 경계한다.

성주   (V.O.) 그럼 풀릴 거다. 이 인간들도… 세상도… 이 우주
         도…

CUT TO:

현동의 집. 마루.
이제 모든 사실을 알게 된 해원맥의 씁쓸한 표정.

CUT TO:

수홍   그렇게까지 날 이용해서…

니 천 년 전 기억 싸그리 지우고 환생하려는 거잖아. 그
런 거 아니야?
내 환생 아니라 니 환생이 중요했던 거잖아.

강림   (수홍을 노려본다) 닥쳐…

수홍, 순간 깨달았다는 듯 표정이 변한다.

수홍   맞구나?? 그렇게 해서 지우려고 하는 그 기억이 대체 뭐
냐?
네 그 기억이 대체 뭐냐고~
말해보라고…

CUT TO:

현동의 집 마루.
얼음장처럼 굳어진 해원맥, 툇마루에 털썩 주저앉는다.
해원맥의 행동이 의아한 덕춘.
툇마루에 놓인 현동의 한글 연습장을 돌려서 덕춘에게 보여주는 해
원맥.

FLASH BACK:

천 년 전 북방 설원. 낮.

말에서 내린 대장군 밀언이 친위대의 시체를 지나 해원맥에게 다가
오며 투구를 벗는다.

수홍   (V.O.) 네가 억울하게 죽었다는.

CUT TO:

수홍이 자신의 과거를 정확하게 말하자 충격받은 듯 멍한 표정의
강림.

수홍   그 끔찍한 기억이 뭐길래 이러냐고!! 응?

CUT TO:

현동의 집 마루.

밀언(ㅁ ㅣ ㄹ ㅇ ㅓ ㄴ)이란 단어를 보는 덕춘, 넋 나간 표정의 해원
맥이 이상한지 다시 연습장을 주의 깊게 바라본다. 해원맥, 자신이
보는 것을 보여주려는지 말없이 연습장을 덕춘 쪽으로 거꾸로 돌려
놓는다.

CUT TO:

뒤집어 거꾸로 보니 강림 (ㄱ ㅏ ㅇ ㄹ ㅣ ㅁ)으로 읽히는 밀언이란
단어.

FLASH BACK:

천 년 전 북방 설원. 낮.
점점 다가오자 드러나는 얼굴… 강림이다.

CUT TO:

천 년 전 강림의 모습과 현재의 강림의 모습이 겹쳐 보인다.

수홍   내 말에 계속 쌩까지만 말고 너도 한번 말을 해봐 이 미
        친 새끼야!

수홍에게 다가오던 강림. 지옥귀의 갑작스러운 공격에 용암이 끓어
오르는 지옥의 구덩이로 빠지고 만다.
용암 안으로 빠져서 들어가는 강림의 얼굴에서,

FLASH BACK:

천 년 전 강림 집 마당,
강림의 공격을 막아내는 어린 동생의 모습.

SMASH CUT TO:

천 년 전 강림 집 마당,
주저앉은 강림에게 목검을 겨누고 있는 어린 동생의 모습.

SMASH CUT TO:

천 년 전 강림 집 대청마루,
장기판을 뒤엎어 버리고 어린 동생을 노려보는 강림.

CUT TO:

천 년 전 개경,
비장한 표정의 강림이 망루에 서서 봉고파직 당한 동생의 모습을
바라본다.

CUT TO:

멀어져 가는 동생이 문득 뒤를 돌아 도성의 망루를 보자. 나타나는
해원맥의 얼굴.

CUT TO:

천 년 전 강림의 집,
아버지의 시신을 보며 오열하는 해원맥.

CUT TO:

천 년 전 공험진 인근 병영,
아버지에게 전쟁의 선봉에 자신이 서게 됨을 듣는 해원맥.

CUT TO:

천 년 전 북방 설원, 낮.
강림이 설원에 누워 하늘을 보며 죽어가고 있다.

CUT TO:

끊어질 듯 이어지는 불규칙한 호흡을 하는 강림의 시야에 누군가가
나타난다.

염라대왕   너는 저승의 일곱 대죄악에 모두 중역죄인으로 기소가
         되어 있다.

CUT TO:

용암 안으로 빠져들어 가는 강림의 얼굴.

염라대왕　(V.O.) 그러나 내 너를 가엾게 여겨 마지막으로 기회를 줄
　　　　　　것이다.
　　　　　　그리 하겠느냐?

CUT TO:

84. EXT. 천 년 전 북방 설원(플래쉬 백). 낮

강림의 시야에 벌판에 세워진 허수아비와 과녁들이 드러난다.

강림　　　오랑캐들에게 군사훈련까지 시킨 거냐?
해원맥　　굶어 죽어가고 있는 아이들이었습니다… 그 아이들은…
　　　　　　아무런 죄가 없는…

강림의 매서운 주먹을 맞고 쓰러지는 해원맥, 한쪽 팔을 지렛대 삼
아 일어나 다시 무릎을 꿇는다.

강림　　　(칼을 꺼내 들며) 너의 첫 번째 죄는 여진족으로부터 아버
　　　　　　지를 지키지 못한 천륜지 대죄다.

대답 없이 다시 고개를 떨구는 해원맥.

강림   그리고 너의 두 번째 죄는 변방의 오랑캐들에게 군량미
를 빼돌리고 군사훈련을 시킨 배신의 대죄…

해원맥   아이들은 보내주십시오… 그건 불필요한 폭력이자 살인
의 대죄일 수 있습니다… 형님…

사인검을 해원맥에게 겨눈 강림, 그의 눈에 형언할 수 없는 광기가
서린다.

말 떨어지기 무섭게 강림의 사인검이 해원맥을 베어 버린다. 하얀
설원에 빨간 피가 흩뿌려지며 그대로 쓰러지는 해원맥.

강림   난 한 번도 널 내 동생이라고 생각한 적 없다!
이 거란족 오랑캐 놈아!!

강림, 분이 풀리지 않는지 쓰러진 해원맥을 향해 다시 사인검을 높
이 쳐드는 순간, 갑자기 중심이 무너지며 한쪽 무릎을 바닥에 꿇는
다. 어느새 되돌아온 덕춘의 단검이 강림의 옆구리를 찌른 것이다.

강림, 천천히 고개를 돌려 덕춘을 바라본다. 겁에 질려 엉엉 울면서
도 칼을 움켜잡고 있는 힘겨운 덕춘, 쓰러져 있는 해원맥의 두 눈을
응시한다. 더 크게 울음이 터지는 덕춘, 용기를 내어 조금 더 단검을

깊숙이 찔러 넣는다.

비명을 지르는 강림, 마지막 힘을 다해 덕춘을 베어 버린다.

CUT TO:

북방의 설원에 나란히 누워 죽어가고 있는 강림과 해원맥, 그리고 덕춘의 모습.

CUT TO:

85. EXT. 천 년 전 북방 설원. 낮

덕춘의 칼에 찔린 강림이 설원에 누워 하늘을 보며 죽어가고 있다.

염라대왕 (V.O.) 왜 우는 것이냐? 슬퍼서 우는 것이냐? 억울해서 우는 것이냐?

끊어질 듯 이어지는 불규칙한 호흡을 하는 강림의 시야에 누군가가 나타난다.

염라대왕 다시 묻겠다. 슬퍼서 우는 것이냐? 억울해서 우는 것이냐?

고통 때문이지 회한 때문인지 염라와 차사들을 바라보는 강림의 눈에 눈물이 흐른다.

SMASH CUT TO:

86. INT. 현동의 집 방 안. 아침

현동을 안고 방 안으로 들어오는 해원맥, 잠이 든 현동을 조심스럽게 할아버지 옆에 눕힌다.
벽에 등을 기대고 앉아 멍한 모습의 덕춘.

87. EXT. 화탕영도(살인지옥). 밤

천 년 전 기억과 함께 깨어나듯 용암에서 솟구쳐 올라오는 강림, 열기 때문인지 온몸이 벌겋게 달아올랐지만 아랑곳하지 않고 구덩이를 기어 올라오는 그의 표정이 섬뜩하다.

CUT TO:

다리에 앉아 기다리고 있던 수홍에게,

강림   가자.

강림의 뒤에 갑자기 나타난 덕춘이 서 있다.

덕춘   차사님…
강림   (덕춘에게) 뭐야? 뭐 하는 거냐고?
덕춘   네…?

아무 말도 할 수 없는 덕춘, 제정신이 아닌 듯한 강림을 물끄러미 바라보는 그녀의 눈가에 눈물이 맺혀 있다.

덕춘   성주신은 소멸됐어요…
강림   (덕춘에게 다가가며) 그래서?…
덕춘   물어볼 게 있어서요…
강림   (시선은 여전히 수홍에게) 성주신 소멸됐으면, 그다음엔 뭘 해야 되는 건데?

눈물이 함박 고인 눈으로 잠시 강림을 바라보는 덕춘.

덕춘   (끄덕이며 흐르는 눈물을 닦아낸다) 할아버지… 할아버지 데리고 오면… 다 되는 거죠?

강림   이덕춘…

(눈물 훔치는 손을 치워내며) 도대체 천 년 동안 나한테 뭘

배웠어!! 천 년 동안 내가 너한테 뭘 가르쳤냐구!!

덕춘   (강림의 눈을 바라보며) 천 년… 네… 천 년 동안이나요…

순간, 조용히 이들을 지켜보던 수홍이 덕춘과 강림을 가로막는다.

수홍   지금 보니까 이 재판의 주인공은 내가 아니었구나… 가

자! 재판받자고~

고개를 설레설레 흔들며 앞장서 화탕영도를 걷기 시작하는 수홍.

강림, 분이 안 풀렸는지 눈물을 흘리고 있는 덕춘을 노려보고는 서

둘러 수홍의 뒤를 쫓는다.

수홍   내 재판인지 네 재판인지, 재판받으러 가자고~

CUT TO:

멍하니 그렇게 멀어져 가는 강림의 뒷모습을 바라보는 덕춘의 곁으

로 해원맥이 다가와 그녀의 어깨를 어루만진다.

CUT TO:

고백

88. EXT. 국군교도소 운동장. 낮

운동하는 죄수들과 달리 피곤한 표정으로 벤치에 앉아 있는 박 중위의 모습, 눈꺼풀이 천근만근이다. 깜빡깜빡 졸기 시작하는 박 중위의 얼굴에서,

CUT TO:

89. EXT. 살인지옥. 밤

재판장을 들어서는 결기에 찬 강림과 수홍의 시야에, 소환되어 올라온 박 중위의 모습이 보인다.

CUT TO:

판관1   본 재판은 차사 강림이 억울한 죽음을 당했다고 주장하
          는 피고 김수홍의 마지막 재판임을 알려드림과 동시에,
          본 재판의 결과에 따라…
          피…! 아이… 나…씨!!

염라대왕이 증인석에 들어와 앉는다.

염라대왕   쓸데없는 짓 집어치우고, 당장 재판을 개시하라!!!

진노한 염라대왕, 슬쩍 재판장인 변성대왕과 눈이 마주치자 가벼운
목례로 결례를 사과한다.

CUT TO:

피고석의 수홍, 증인석에서 눈치를 살피고 있는 박 중위를 노려본다.

변성대왕   재판을 속개하라!
강림   먼저 박무신 중위에게 묻겠습니다.
판관2   (느닷없이 끼어들며) 박무신 중위는 피고 김수홍에게 발생
          한 오발 사고 이후에… 그가 아직 살아있음을 인지하고
          도 살해를 감행했습니까?
          (비트, 강림을 바라보며) 다시 말해, 증인은 원동연 일병과
          함께 김수홍의 사체가 살아 꿈틀대는 것을 보았습니까?

어때 강림 차사?

내가 정확해? 그럼 본 판관이 대답도 할게…

아니오. 그렇지 않습니다.

(비트, 단호하게) 재판장님! 차사 강림의 궤변으로 더 이상
저승의 율법을 거스르는 판단을 하시지 말기를 간곡히
간청 드립니다.

판관1   (판관2를 바라보며) 오….

변성대왕 판관의 말이 맞느냐?

의기양양한 판관2를 뚫어지게 바라보는 강림, 시선을 돌려 염라대
왕을 바라본다.

강림   염라께서는 천 년 전… 함경북도 나진군 함평 설원에서
         살인을 저지르고. 죽어가는 저를 만나셨습니다.

천 년 전 북방 설원,
죽어가는 강림에게 다가오는 염라대왕.

강림   그때 저에게 저승의 율법을 다스리는 차사직을 권유하
         셨습니다. 기억하십니까?

주위 시선을 살피는 염라대왕, 화를 누르고 강림에게 고개를 끄덕
인다.

염라대왕 그걸 일일이 대답해야 하느냐?

강림 대답해 주십시오. 그때 저에게 차사직을 권유하시면서 뭐라고 하셨는지 여기서 말씀해 주십시오.

강림을 보며 헛웃음을 짓는 염라의 얼굴에서,

염라대왕 너의 죄가 결코 가볍지 않기에 너에게는 모든 기억을 남길 것이고,

DISSOLVE TO:

90. EXT. 천 년 전 북방 설원(플래쉬 백)

염라대왕 가엾은 저들은 모든 기억을 없애 줄 것이다.

강림의 시야에 서로를 마주 보고 죽어 있는 덕춘과 해원맥이 보인다.

염라대왕 앞으로 천 년 동안 네가 살해한, 저 청년과 저 소녀를 데리고 함께 하며 마흔아홉 명의 망자들을 환생시킨다면… 저들과 함께 원하는 모습으로 환생시켜 주겠다.

DISSOLVE TO:

91. EXT. 살인지옥. 밤

염라대왕 더불어 그 때 너의 모든 기억을 함께 지워 줄 것이다. 그
래도 하겠느냐?

CUT TO:

강림 저에게 왜? 천 년 동안 겪을 그 고통을 남기셨는지!
저기 증인으로 나온 박무신 중위에게 직접 말씀해 주시
기 바랍니다!

염라대왕 무례한 놈…

강림 (화를 자제하며) 죄 없는 소녀와… 의로운 동생을 살해
한… 그 죗값을 치르라는… 그런 단순한 이유 때문이었
습니까?

변호를 이어가던 강림, 박 중위를 보며 말한다.

강림 (큰 소리로) 그 죗값을 치르라는 단순한 이유 때문이었는
지! 염라대왕님께 다시 한번 묻겠습니다!!

염라대왕   네 놈에게!··· 난 시간을 준 것이다!···

강림   네, 염라께서는 제게! 그들을 살해한 죗값을 치름과 동시에 그들에게 용서를 빌 시간을··· 천 년을 준 것입니다. 맞습니까?

염라, 대답 없이 강림을 노려본다.

염라대왕   그래서··· 넌 그들에게 용서를 구했느냐?

CUT TO:

재판장 밖, 몸을 숨긴 채 강림을 지켜보고 있는 해원맥과 덕춘.

CUT TO:

뚫어지게 염라를 바라보던 강림이 고개를 떨군다.

강림   아니요! 그러지 못해서··· 그럴 수가 없어서··· 영원히 끝나지 않을 것 같은 죄책감과 고통을 받으며··· 그들과 함께 오늘도 살아가고 있습니다.

CUT TO:

그런 강림을 바라보는 해원맥. 덕춘은 고개를 떨구고 만다.

CUT TO:

강림   (시선은 그대로 염라에게) 박무신 중위에게 묻겠습니다!

깜짝 놀라는 박 중위, 고개를 들어 강림을 쳐다본다.

강림   (박 중위에게 다가가며) 증인은 이승에서 모래바람에 휩쓸
            려 목숨이 위태로웠던 순간을 기억할 것입니다.

FLASH BACK:

부대 연병장,
모래바람에 휩쓸려 날아가는 박 중위를 구해주는 강림.

강림   (V.O.) 그때, 저승차사로서 저승의 율법까지 어겨가며

CUT TO:

강림   내가 왜 증인을 구해주었다고 생각하십니까?
박 중위   또 다른 희생자를 막기 위해…
강림   (말 자르며, 박 중위를 노려보며) 닥쳐라, 박무신! 내가 널 살

려준 이유는! 터럭같이 가벼운 네 목숨이 아까워서가 아
니라, 살아있는 마지막 날까지 속죄와 참회를 하라고 시
간을 준 것이었다!
나처럼!!!…
(비트) 나처럼 되지 말라고 말이다…

강림의 강인하고 단호한 행동에 기가 눌리는 박 중위, 그런 자신을
말없이 쳐다보는 수홍을 힐끔 쳐다본다.

변성대왕 강림!! 네 이놈!!
(귀왕대에게) 형벌장을 열어라!

전편과 달리 바닥이 붕괴되듯 함몰되며 살인재판장의 형벌장이 드
러난다.

CUT TO:

변성대왕 한 번 더 이승의 증인을 겁박한다면… 그땐 바로 경고 없
이 피고를 저 형벌장에 집어넣을 것이다!

순간, 살인재판장에 울려 퍼지는 사이렌 소리가 주눅 들어있던 박
중위를 더욱 혼란스럽게 만든다.

박 중위　　이건 꿈이야!··· 꿈이야··· 꿈···

INTER CUT TO:

야산 수홍의 암매장 장소,
수홍의 시신을 묻는 박 중위와 원 일병의 모습.

국군교도소 운동장,
운동시간이 끝난 듯 사이렌이 울리는 운동장 분위기, 재소자들이
움직이기 시작한다.

CUT TO:

판관1　　(변성대왕에게) 대왕님,
　　　　　이승 교도소의 운동시간 끝나갑니다!
　　　　　증인이 곧 깨어납니다!
　　　　　빨리 내려보내셔야 합니다!

국군교도소 운동장,
교도관이 졸고 있는 박 중위의 벤치를 향해 다가오고 있다.

혼란만 가중된 박 중위의 모습을 보는 강림, 격앙되었던 감정을 억
누른다.

CUT TO:

재판이 끝났다고 생각한 염라대왕이 증인석에서 일어난다.

CUT TO:

강림, 심호흡을 크게 한번 하고, 증인석에서 일어나는 염라 쪽으로 시선을 돌린다.

강림   염라대왕께 마지막으로 묻겠습니다… 염라께서는 천 년 전 공험진에서 벌어진 여진족과의 전투에서 전사하신… 저의 아버지, 강문직 대장군을 기억하십니까?

염라대왕   (일어선 채) 기억대로 말해라. 기억하고 싶은 대로 얘기하지 말고!
네 아버지 강문직은 전사가 아니라 살해를 당했다.

CUT TO:

예상치 못한 염라의 말에 놀란 해원맥과 덕춘의 모습.

CUT TO:

판관2   살해를 당했다고?

강림   네, 그렇다면 그 사건이 왜 살해가 아닌 전사한 것으로
        역사에 기록되었는지 말씀해 주십시오.

염라대왕 (자리에 앉으며) 은폐되었기 때문이지.

판관1   (놀라) 은폐?

잠시 말문이 막히는 강림의 모습.

강림   맞습니다. 그렇습니다…

FLASH BACK:

천 년 전 공험진, 밤.
화염에 휩사인 전쟁터에 뒤늦게 도착한 강림의 모습이 보인다.

강림   (V.O.) 그 사건은 누군가에 의해 은폐되었습니다…

폐허 속에서 꿈틀거리는 아버지의 손을 발견한 강림.

SMASH CUT TO:

강림   제가 은폐했습니다…

강림의 자폭과 같은 고백에 침통한 표정으로 박 중위를 바라보는

수홍. 침을 꿀딱 삼키는 박 중위, 동요하는 듯 불안한 마음에 시선
처리가 서툴다.

FLASH BACK:

천 년 전 공험진, 밤.
아버지의 손을 목격한 강림, 망설이기 시작한다.

강림　　(V.O.) 전 그때 아버지가 살아있었음을 알고 있었습니다.

FLASH BACK:

천 년 전 공험진, 밤.
강림, 시선을 돌려 아버지의 손길을 외면한다.

강림　　일단 퇴각하고, 날이 밝는 대로 다시 온다!
염라대왕　(V.O.) 그때 너는 왜 아버지를 구하지 않고 외면하였느
　　　　　냐?

CUT TO:

염라대왕　(강림에게) 아니, 다시 묻겠다.
　　　　　너는 왜 아버지를 구하지 않고, 외면하여… 살해하였느

냐?

힘겹게 자신의 천 년 전 과거를 진술해 왔던 강림의 목소리가 떨리기 시작한다.

강림   두려웠습니다.

FLASH BACK:

천 년 전 강림의 집 방 안. 밤.
아버지 강문직이 거란 소년에게 장기를 가르치는 것 알게 된 강림.

강문직   아들아, 항상 명심 하거라.
전투는 내가 어떻게 하는지가 중요한 것이 아니라… 적이… 왜 저렇게 하는지를 아는 것이 더욱 중요한 것이란다.

상황을 지켜보던 강림, 그의 눈가에 눈물이 맺힌다.

강림   (V.O.) 항상 저보다 뛰어났던 동생에게… 제 자리를 빼앗기는 것이 두려웠고…

FLASH BACK:

천 년 전 강림의 집 마당. 밤. 비.
주저앉은 강림에게 검을 겨누는 거란 소년.

강림   (V.O.) 그런 동생 때문에 항상 제 것이라고 생각했던…

SMASH CUT TO:

천 년 전 공험진 인근 병영.
전쟁의 선봉에 서게 됨을 듣는 해원맥.

강림   (V.O.) 명예와 권력을 잃는 것이 두려웠습니다.

SMASH CUT TO:

강림의 후회를 듣던 해원맥이 고개를 떨어뜨린다.

FLASH BACK:

천 년 전 고려 병영 막사.
동생이 선봉에 서게 됨을 알게 된 강림의 서글픈 표정.

강림   (V.O.) 아버지가 살아계신 것을 은폐한 그날…
            제 잘못을 깨닫고 뒤늦게 전쟁터로 돌아갔지만…

FLASH BACK:

천 년 전, 산길, 밤.
한밤중, 말을 타고 어디론가 달려가는 강림의 모습.

CUT TO:

천 년 전 공험진.
시체 더미 속에서 다시 아버지를 찾으려는 강림의 필사적인 노력.

강림   (V.O.) 아버지는 이미 돌아가신 후였고… 그렇게 너무 늦
          어버린 것을…
          천 년 동안 후회하고 또 후회하였습니다…

CUT TO:

염라대왕 그렇게 후회하면서 지낸 것이 지옥 같더냐…
          그 천 년이… 너에겐 진정 지옥이었는지… 묻고 있다…
강림   (눈물을 떨구며 고개를 가로젓는다) 아닙니다… 저에겐…
          더이상 아버지께 용서를 구할 길이 없다는 게…그래서,
          이젠… 아버지께 용서를 받을 수 없다는 게… 그것이…
          그것이… 저에게 가장 큰 지옥이었습니다.

고백   **253**

숙연해진 재판장 분위기. 수홍, 먹먹해진 표정으로 강림을 본다.

CUT TO:

박 중위, 그제야 고개를 들고 수홍을 바라본다.

FLASH BACK:

천 년 전 강림의 집.
아버지의 시신을 보며 눈물 흘리는 강림.

CUT TO:

모든 것을 고백한 강림을 바라보는 해원맥과 덕춘의 표정이 깊어
진다.

CUT TO:

강림   (안간힘을 써 마음을 다잡으며) 박무신 중위는 저와는 달
          리… 아직 기회가 남아 있음을 말하고 싶습니다…

박 중위, 눈물을 흘리며 고개를 들고 그제야 수홍을 바라본다.

CUT TO:

강림　　증인은⋯ 사건 당시 총상을 입은 김수홍 병장을 묻는 순
　　　　간에 그가 살아있었음을⋯ 알고 있었습니까?

FLASH BACK:

야산 수홍의 암매장 장소,
수홍의 꿈틀대는 손을 바라보는 박 중위.

CUT TO:

강림의 물음에 눈물을 흘리며 고개를 숙이는 박 중위.

CUT TO:

국군교도소 운동장,
졸고 있는 박 중위를 깨우려는 교도관의 모습.

CUT TO:

강림　　아니 다시 묻겠습니다.
　　　　박무신 중위는⋯ 김수홍 병장을 살해했습니까?

FLASH BACK:

야산 수홍의 암매장 장소,
수홍의 꿈틀대는 손을 발견한 박 중위, 하지만 암매장을 지시한다.

박 중위   그냥 묻자… 이젠 꺼낼 수도 없어…

CUT TO:

박 중위   (끄덕이며) 네… 제가 김수홍 병장을 살해했습니다…
              미안하다, 수홍아… 내가 정말 미안하다… 미안하다…

용서를 구하는 박 중위에게 옅은 미소를 보이는 수홍, 눈물 고인 그
의 표정이 편안해 보인다.

마지막 용서를 구한 박 중위가 이승으로 천천히 사라진다. 그 모습
을 보는 강림.

INTER CUT TO:

국군교도소. 낮.
영문 모를 눈물을 닦아내며 교도관과 함께 감방으로 들어가는 박
중위, 그의 표정에는 숙연함과 의아함이 공존한다.

CUT TO:

강림   이상으로 증인 신문을 마치겠습니다.
변성대왕 피고 김수홍은 원통하고도 억울한 죽음으로 명부에 없
       는 살해를 당한 피해자임이 입증되었다.
       이에 본 법정은, 귀인 김수홍의 환생을 명한다.

CUT TO:

변성대왕의 판결문과 함께 수홍의 뒤편으로 강렬한 빛의 환생문이
열린다. 판관들, 무릎을 꿇고 있는 강림에게 인정한다는 듯 지지의
눈빛을 보내 준다.

환생문의 빛이 밝아짐과 동시에 서서히 사라져가는 군복 차림의
수홍.

수홍, 어색한 자신의 손을 장난기가 섞인 거수경례로 바꿔 강림에
게 고마움을 표시한다. 온화한 미소와 함께 서서히 빛 속으로 사
라지는 수홍을 바라보는 강림, 그러다 증인석의 염라와 눈이 마주
친다.
염라, 예의 엄한 표정으로 강림에게 손목시계를 가리키는 제스처를
취한다.

CUT TO:

모든 상황을 지켜본 덕춘의 눈에 눈물이 고여 있다.

CUT TO:

염라가 고개를 들어 노려 보자, 얼른 자리를 피하는 해원맥과 덕춘.

해원맥　안녕하세요… 빨리 가자…

92. EXT. 현동의 집 방 안. 밤

여전히 의식 없는 허춘삼, 그 할아버지의 품에 꼭 안겨 잠을 자는 현동.

CUT TO:

그 모습을 뚫어지게 보고 있는 삼차사가 고민스러워 보인다.

해원맥　(강림의 눈치를 슬쩍 보며) 현동이 이렇게 입양 보낼 거였으
　　　　면… 한글이 아니라 알파벳을 가르쳤어야 되는 건데…
　　　　그게 좀 아쉽네…

쓸쓸한 미소를 지으며 고개를 끄덕이는 덕춘, 말 없는 강림의 눈치를 살핀다.

해원맥   빨리 호명 삼창하고 우리도 환생하러 가자~

해원맥, 곧 집행하자는 신호를 덕춘에게 보낸다. 고개를 끄덕이는 덕춘, 최종 재가를 위해 강림을 바라본다. 아무 말 없이 강림이 고개를 끄덕인다.

덕춘   (심호흡을 한번 하고) 허춘삼… 허춘삼… 허춘…!!

CUT TO:

용서

93. EXT. 초등학교 운동장. 낮

운동장 계단에 서 있는 강림, 해원맥과 덕춘은 떨어져서 누군가를
바라보고 있다.

해원맥   덕춘아. 너 근데, 대장 용서 할 수 있겠냐?

덕춘   저한테… 천 년 전 이덕춘이 아니라고 하셨잖아요…

해원맥   그래, 네가 결정해라… 니 일이니까.

덕춘   차사님은… 용서 안 하실 거죠?

해원맥   (몸을 돌려 강림의 뒷모습을 보며) 에휴~ 난 모르겠다~

CUT TO:

사뭇 건강해 보이는 할아버지와 함께 초등학교 입학식에 온 현동.

현동   (할아버지 손잡고) 빨리 와~ 학교 늦겠다~

허춘삼   좋아? 인석아~

현동   (해맑게) 응!

해원맥과 덕춘 쪽으로 자리를 옮기는 강림.

CUT TO:

강림   집행유예. 딱 현동이 초등학교 졸업식 때까지만이야…

덕춘   (강림을 보며) 우리 환생은요??

덕춘의 말에 고개를 돌려 잠시 그녀를 처다보는 강림.

강림   하~ 우리에겐… 말이야… 시간이… 아직 시간이 많이
         남아 있잖아?
         (먼저 걸음을 움직이며) 빨리 올라가자, 좀 이상한 망자가
         올라 왔어…

해원맥   (강림을 쫓아가며) 이상한? 또? 누구!?

강림   초군문 앞에서 3일 동안 방황하고 있대.

해원맥   걔만 구하면 진짜 환생하는 거지?

강림과 해원맥을 바라보며 미소 짓는 덕춘.

94. EXT. 저승 초군문. 밤

새로운 망자를 찾아 주변을 돌아보는 삼차사, 아무도 없는 휑한 초
군문의 풍경이 낯설다.

CUT TO:

순간, 초군문 구석에서 누군가로부터 소심하면서도 간절한 구원의
목소리가 들려온다.

원 일병   저기요! 여기 누구 없어요?

          하지 마요! 진짜 무서워요…

          김 병장님! 어디에요!?

관심사병 원 일병이다. 덕춘과 해원맥, 강림에게 그쪽을 가리키며
맞냐는 동의를 구한다. 미소 지으며 끄덕이는 강림, 품에서 적패지
를 꺼내 뒷면을 보여준다. 선명하게 보이는 귀인.

강림   응…
해원맥   또 귀…? 또 귀인이야??
강림   (자신도 믿지 못하겠다는 듯) 귀인이 풍년이네…
해원맥   가자~
원 일병   여기 무서워요!

          여기 무섭다고!

          여기요~ 도와주세요!

          여기 사람이 있어요!

서로 어이없어하는 해원맥과 덕춘이 원 일병에게 가려는 순간, 갑
자기 그들을 덥석 잡아 세우는 강림.

강림　　　잠깐만! 잠깐… 내가…
　　　　　너희들한테 고백할 게 있어…
　　　　　그게… 내가 말이야…

드디어 올 것이 왔다는 표정의 해원맥과 덕춘.

강림　　　천 년 전에… 천 년 전에…
　　　　　(시선을 피해 고개를 떨구며) 내가… 너희들… 내가…

해원맥과 덕춘, 힘겨워하는 강림의 고백이 시작되자 서로의 얼굴을
잠시 바라본다. 약속한 듯 고개를 끄덕이는 해원맥과 덕춘.

해원맥, 덕춘　　아..진짜!! 바빠 죽겠는데!!! 지금 이 상황에 천 년
　　　　　　　전 얘길 왜 해요??
해원맥　　덕춘아. 귀인이 풍년이란다. 가자!
　　　　　어이! 군인 아저씨~ 거기 꼼짝 마. 가만 있어~
　　　　　괜찮아~ 괜찮아~ 처음 죽어봐서 그래~
원 일병　　어! 어?? 누구야? 오지 마. 오지 마요!!…

하이파이브를 나누는 해원맥과 덕춘, 곧장 원 일병에게 달려간다.
그런 그들의 행동에 영문을 몰라 갸우뚱하는 강림, 곧 얼굴에 묘한
미소가 감돌며 자신도 원 일병 쪽으로 달려간다.

95. INT. 현동의 집. 낮

식사 중인 허춘삼과 현동. 편식하는 현동에게 반찬을 올려주는 허춘삼.

현동   싫어!

허춘삼   이거 먹어야 잘 자란다고 인석아~

현동   골고루 먹기 싫은데…

중간중간 TV 뉴스가 증권 시황을 전하는데, 중국 증시의 기적 같은 반등으로 국내 펀드가 일제히 고공 상승 중이라는 앵커의 목소리도 들려온다.

TV 뉴스   한때 수익률이 -60%에 육박할 정도로 투자자들의 속을 태웠던 이머징 마켓 펀드 시장의 대반격이 시작됐습니다. 중국 정부의 재정 및 인프라 확대 발표에 따라, 글로벌 증시 호황이 예상되는 가운데, 코스피 역시 상승했습니다.
이번 발표의 최대 수혜 주는 이머징 마켓 펀드로 며칠 사이 40% 포인트 이상 오른 것으로 확인돼 투자자들이 환호하고 있습니다.
전문가들은 당분간 이러한 호황이 지속될 것이라 전망하고 있습니다.

다음 소식입니다.

현동	뭐야? 어? 코스피? 내 장난감이야?
허춘삼	넌 몰라도 돼. 인석아. 장차 크면 알어.
현동	대체 뭔데! 나도 알고 싶단 말이야~
허춘삼	됐다. 됐어!! 드디어 됐다!! 성주야!! 됐어!!

TV 위로 현동이와 할아버지, 성주신의 밝은 모습이 담긴 사진 액자가 올려져 있다.

96. EXT. 환생문(에필로그)

환생을 위해 가던 수홍을 누군가 불러 세운다.

수홍	환생~ 환생~ 뭘로 환생~ 환생~
염라대왕	이보게! 사시 8수생이라고 했나?
수홍	거, 내 1차는 붙었다고 말했죠?
염라대왕	여덟 번 만에 1차 합격이라…
	참 진기한 이력을 가지고 있구만
수홍	진기한은 무슨…
염라대왕	나와 함께 일해보지 않겠나?

수홍   함께?

97. EXT. 천 년 전 공험진(에필로그). 밤

(자막) 천 년 전 공험진

누군가   (V.O.) 강문직! 강문직! 강문직!

망자 호명과 함께 폐허 속에 있던 대장군 강문직의 몸이 공중으로 떠오른다.
공중으로 떠오른 강문직을 마주하는 염라대왕

염라대왕   고려 별무반의 대장군 강문직에게 저승의 염라직을 제
             안한다. 강문직은 나의 뒤를 이어…

CUT TO:

어느새 말을 타고 달려온 강림이 미친 듯이 폐허를 파헤치며 울고 있다.

강림   아버지… 아버지… 어디계세요… 아버지… 아버지…

강림의 도착으로 소란스러워진 지상을 내려다보는 강문직.
강림을 잠시 보던 염라, 다시 강문직에게 묻는다.

염라대왕 강문직은 나의 뒤를 이어 다음 천 년의 저승을 다스릴 염
라가 되겠느냐?

CUT TO:

잠시 지켜보던 대장군 강문직. 다시 고개를 들어 1대 염라를 바라
본다.

강문직 다 내 탓이오⋯ 그러니⋯
하겠소⋯ 하겠소만⋯ 다만 내 모습을⋯ 바꿔주시오.

강문직, 그 말과 함께 다시 필사적인 아들 강림의 모습을 바라본다.

강문직 내 모습이⋯ 당신 모습이면 좋겠소!

END

신과함께
인과 연

초판 1쇄 인쇄 2018년 10월 24일
초판 1쇄 발행 2018년 10월 31일

지은이 김용화
펴낸이 김선식

경영총괄 김은영
책임편집 이호빈 **디자인** 김누 **책임마케터** 최혜령, 이유진, 박태준
콘텐츠개발5팀장 이호빈 **콘텐츠개발5팀** 봉선미, 양예주, 김누
마케팅본부 이주화, 정명찬, 최혜령, 이고은, 양서연, 이유진, 박태준, 김은지, 배시영, 기명리
전략기획팀 김상윤
저작권팀 최하나, 추숙영
경영관리팀 허대우, 임해랑, 권송이, 김재경, 손영은, 한유현
외주스태프 박은정

펴낸곳 다산북스 **출판등록** 2005년 12월 23일 제313-2005-00277호
주소 경기도 파주시 회동길 357, 3층
전화 02-704-1724
팩스 02-703-2219 **이메일** dasanbooks@dasanbooks.com
홈페이지 www.dasanbooks.com **블로그** blog.naver.com/dasan_books
종이 (주)한솔피앤에스 **출력·인쇄** (주)민언프린텍
ISBN 979-11-306-1941-5 (14680)
세트 979-11-306-1939-2 (14680)

다산북스(DASANBOOKS)는 독자 여러분의 책에 관한 아이디어와 원고 투고를 기쁜 마음으로 기다리고 있습니다.
책 출간을 원하는 아이디어가 있으신 분은 이메일 dasanbooks@dasanbooks.com 또는 다산북스 홈페이지
'투고원고'란으로 간단한 개요와 취지, 연락처 등을 보내주세요. 머뭇거리지 말고 문을 두드리세요.